グローバリズム植民地 ニッポン
あなたの知らない「反成長」と「平和主義」の恐怖

藤井 聡

ワニブックス
|PLUS|新書

はじめに――今、日本は「滅びの途上」にある。

それは、とある学会でイタリア北部のバビーノという湖畔の町に訪れた時の事でした。

この町は今から24年前、同学会で訪れたことがある小さな美しい町。

24年前と言えば僕はまだ20代。緊張しながらたどたどしい英語で学会発表をしていたこと、休み時間に湖畔の町をあちこち歩き回ったこと等々を懐かしく思い出しながらの滞在でした。

当方が内閣官房参与になってからのこの10年間、安倍晋三氏のサポートを中心とした国内要務に可能な限り貢献しようということで、国際的な仕事の大半をお断りしていました。だからかもしれませんが、この度の機会はあらゆるものがとりわけ新鮮に感じられる滞在となりました。

レストランの給仕の日本では考えられない程の感じの良さ、あちこちのカソリック教会の手足を釘で打ち抜かれ磔にされたキリスト像の生々しさ、湖畔の町並みのあり得ない美しさ……かねてから知っていることばかりではあるものの、改めて体験するとひとつひとつが心に様々な形で刺激を与え、染みこんできます。

そんな時間を過ごしていると、あの極東日本でのことが、文字通り遠い世界の出来事のように思えてくるのでした。

デフレ不況、電力不足、資源・食料品の物価高、コロナ過剰自粛で庶民は苦しめられているにも拘わらず、国民を救うべき責任者たる総理大臣は保身のためだけに無為無策を貫き通す。普通なら国民が総激怒してもいいような話しなのに、驚くべきことにそんな総理の稚拙極まりない戦略が功を奏し、参議院選挙では大勝を収める。

コロナでも皇室でもウクライナでも、自由な議論を誠実に展開しようとすると揚げ足取りばかりが横行する。しかも、そういう揚げ足取りに汲々としているのは、ＳＮＳに粘着している匿名の有象無象だけでなく、これまで顔と名前をさらして「立派な言論活動」に（時に仲間として）長年従事してきた御仁達も、突如としてそんな有象無象と何ら変わらない稚拙な攻撃を始める。

挙げ句に、こうした問題の全てを抜本的に改善に向かわせるために必要不可欠な「積極財政」の政治的展開において重要な役割を担い、現政府の緊縮路線に対する重大なブレーキ役を担っていた政治家が暗殺される。その結果、積極拡大への機運が大きく停滞し、現内閣の緊縮路線が暴走し、国内における上述の諸問題が改善どころか、悪化を加速させることが必至の状況に立ち至る。

日本から遠く離れたイタリアの地で、冷静に、じっくりと、俯瞰的な視点から今の日本の状況を考えれば考える程、その悲惨さは度し難い程に酷いものであることが、クッキリと見えてきます。

日本は、こうやって滅んでいくのか……。

日本であくせく過ごしている日常空間の中ならば、認めがたい想念ですが、遠い異国の地であったからこそ、自然と去来してきたのだと思います。

そしてそんな事を思いながらバビーノの湖と町並みを眺めていると、その内、そんな恐ろしいことすら、もうどうでもいいように思えてくるのでした。

この景色は、僕自身が政治や経済や言論にまだ何も携わっておらず、学位を取得するためにただ研究だけをやっていた24年前のそれと何ら変わっていない。

その間に日本は、政治家、というよりも世論の驚くべき幼稚な愚かしさを反映する形でどんどん自滅していき、人々の苦しみ、嘆きが拡大し、日本のあらゆる美しきものがひとつひとつ蒸発し続けていったにも拘わらず、この美しい湖畔の景色は、そんなことが何も無かったようにここにそのまま有り続けている。

仮に日本の全てが綺麗さっぱり消え失せたとしても、この景色はこのままここに残り続け、この地の人々の暮らしも何ら変化することなくここに有り続けるに違いない。

……だとしたら、僕は一体何を必死になって戦っているのだろうか？

その戦いに勝とうが負けようが、このバビーノにいるこの瞬間の僕の時間には何も影響をしないではないか……？

「遠い外国で何を不謹慎なことを」とのお叱りを受けるのを承知しながら正直に申し上げますと、なんだかそんな気分になったのでした。

よくよく考えれば、この度の海外出張は、久方ぶりの海外ということもありますが、「コロナ騒動」や「安倍暗殺」そして「深刻な皇室危機」という、様々な事案発生の後、そんな深刻な問題を抱えた日本の国内事情を遠くからはじめて俯瞰的にじっくりと眺めることができた、最初の機会となったのでした。

そうやって日本から一旦遠く離れ、日本の外側から小さな日本国内のお家事情を振り返ってみれば、いずれも極々簡単に整理できる、極めてシンプルな話しだったのだと、改めて気が付いたように思えてきたのです。

そもそも、一人の人間が病気や怪我をした時にどれだけ必死に治療しても亡くなることもある一方で、さして何の治療をしなくても助かることもあるように、一つの国だって何をしたって亡びることもあれば再生されることもある。生きるか死ぬかは、生命力がどれくらいあるかということにのみ依存しているのであり、仮にコロナ禍や消費税なぞといった一つの事案で日本が亡びることが決定付けられたのだとしても、そういうこともあるとしか言いようがない。

そして「皇室」のあらゆる問題にしても、それと全く同じことが言える……。

もちろん、僕個人としてこうした問題についてできるだけのことはしようとは思っています。

しかし、何をやっても「助からない」こともあれば、何をしなくても勝手に「助かる」こともある。それは僕個人が決めることではない。我々にできることは、その時々の流れを見極めながらできるだけの事をできるだけの力でやり続けることを措いて他に何もない。だから、その結果について過剰に嘆き悲しんだり、あるいは、過度に喜び勇んでもしょうがない。

……こんな達観した気分になったのはもちろん、そこが日本から遠く離れているからであって、その後、日本に戻ってからの日常で、日々こんな風に割り切って考えてなどいないのは事実です。

ですが、あの瞬間まで、あそこまでスッキリと割り切って考えて見たことは一度も無かったわけで、だからここで一旦割り切って考えた経験があったまま日本の地に戻ってみれば、少しではあっても確実に違った景色になったように感ずるのです。

すなわち、今私達の眼前にあるこの風景は、もう明日には無くなってしまうもしれない――一旦日本がもう滅び去るのだと認識してしまえば、その眼前にある風景は、明日が来ることが約束された風景だとは見えなくなってくるのです。この風景は早晩全て無くなってしまうものなのだとしても、今、ここでできるだけのことをすれば、明日は無くならずにそこに有り続けるかもしれない。だとすれば今日一日、できるだけのことを、できるだけしておかなければならない。

つまり、滅び去ると確信することは、無気力を生みだしてしまうというよりもむしろ、その滅びに抗うための努力をより一層強く喚起することになる。筆者は今、あの異国の地で感じた日本が今まさに滅び去らんとしているというイメージをクッキリと形作ったからこそ、自分自身が抗うべき対象がより鮮明となり、成すべきことがより明確化し、日々の実践がより長期的、俯瞰的な視点から効果的なものになり得るのではないかと感じています。

本書は、そんな私個人の体験、経験を、国民皆様に共有頂くことを企図してとりまとめ、出版に至ったものです。

是非とも一人でも多くの国民に、最後まで、ご一読いただきたいと思っています。私達は、滅び去るということを明確にハッキリとイメージできればできるほどに、より長く生き残ることができる、という逆説的な構図の中で生きているのです。危機意識なき民族は滅び去る他ないのですから……。

目次

終章　日本は復活できるのか？　～輝かしい未来の実現に向けて～

第1章 日本を滅ぼす「平和主義」と「反成長」

平和主義・反成長こそ、日本衰退の最も重要な原因である

日本は如何にして滅び去るのか、そして日本が滅び去るというのは、一体いかなるイメージなのか、そしてそれを導いているものは一体何なのか——本書ではそういう日本の滅亡をリアルにイメージする事を通して、私達の精神の深い部分での諦念を醸成すると同時に、それを導いている悪しき原因とは何かを論じます。

筆者はこれまで日本をダメにした思想として、**緊縮主義**（財務省がカネを使おうとはしない、政府における質素倹約主義）や**新自由主義**（政府の公的な仕事を、民間に自由にやっていってもらいましょう、という自由放任主義）を主たるターゲットとして批判してきたのですが、今回はそれとは少し違った角度から、というよりもむしろ、その「背後」にある「より深い原因」を掘り出し、批判しようと考えています。

そのより深い原因とは「**平和主義**」と「**反成長**」の二つですです。

「平和主義」とは、誰に聞いても否定する人もいない、誰もが賛同するであろう概念のように見えます。戦争よりも平和がいいに決まっているからです。しかし、そうである

からこそ、この平和主義というものは厄介なものなのです。なぜなら、「平和になりたい、平和が一番だ」、とどれだけ口にしていたところで、平和が続くとは限らないからです。それはさながら、「友達と仲良くしたい、友達と一緒にいるのが一番楽しい」とどれだけ口にしていても、それだけでは友達なんて一人も作れない、というくらいの当たり前の話です。

実際、**平和を維持するためには、軍事力の増強が求められることが往々にしてあります。**そもそも戦争は軍隊が引き起こすものであり、したがって、軍隊さえ無ければ戦争なんて起きない、と短絡的に考えてしまう人もいるかもしれませんが、決してそんなことはないのです。戦争とは「軍事力の不均衡」が起こすものなのです。一方が圧倒的に軍事力が強く、一方が圧倒的に弱い時に、戦争が起こるリスクが拡大するのです。最近ではロシアのウクライナ侵攻はまさにそういう不均衡があったからこそ起こったものなのです。少し前のイラクのクウェート侵攻も然りですし、そんなイラクに対して米国を中心とした多国籍軍が攻め込んだのも、米国を中心とした多国籍軍の方がイラク軍よりも圧倒的に強かったから起こったのです。もしも、それらの国々の間の軍事バランスがある程度拮抗していたとすれば、いずれの戦争も起こらなかったのです。実際、ウクライナに攻め込んだロシアに対して、アメリカのバイデン大統領は早々に「アメリカ軍を派遣することは無い」と宣言したのは、米ソの間に圧倒的な軍事格差が「無かった」からなのです。

だから、戦争を回避し、平和を維持するためには軍事力の増強が必要となることがあるわけで、したがって、本当に戦争を回避しようとするなら時に、軍事力を増強しようとするものなのです。これこそが「真の平和主義」と呼ぶべき態度です（言う迄もなく、筆者はこの「真の平和主義」を強く支持しています）。

幼稚で愚かな感情的な代物

しかし、日本に蔓延っているのは、そういう現実的な平和主義ではありません。それよりもむしろ、（新聞社で言うなら）朝日新聞に象徴されるいわゆる**「サヨク」**と呼ばれる人々が好む、もっと**軽薄な平和主義**です。それは、上に述べたようなリアルな安全保障を巡る現実的状況を全て度外視し、「平和が好きだ」と言い募り、「軍隊なんて持つのは嫌だ」と叫び続けるだけのメンタリティ、心情を意味します。

こうした軽薄な平和主義は、真の平和主義の巨大な障害となり得るものです。なぜなら、戦争というものは軍事力のインバランスで生ずる一方、軽薄な平和主義者たちはそんな現実を度外視して、ただただ戦争が嫌だから軍事力増強なぞもっての他だと叫び続け、軍事力のインバランスをさらに拡大させ、かえって戦争リスクを高めてしまうからです。したがって、この軽薄な平和主義は、**幼稚で愚かな感情的代物に過ぎない**わけです。

しかも、こういう幼稚な平和主義が恐ろしいのは、軍事力増強を徹底的に忌み嫌うあまり、**軍事力増強に繋がり得る「強力な政府」それ自身を忌み嫌うという点にあります。**そうなると、政府はどんどん弱体化し、**外国から軍事的に攻め込まれるリスクがどんどん拡大していくことになります。**軍事的に侵略されずとも、外国の好き勝手に政治が支配されていくことにもなってしまいます。

仮に外国から干渉されずとも、政府が弱ければ、自然災害や世界的な経済不況やパンデミックなどが生じた場合、適切な対処など何もできず、それらのアクシデントの直撃をもろに受け、諸外国とは比べものにならないくらいの巨大被害を受けることになります。

なお、「強力な政府」を忌み嫌った場合、当然ながら、財政政策については積極財政ではなく、**緊縮財政**のイデオロギーが好まれることになります。そして、経済産業政策については、政府の仕事をどんどん民間に任せるように仕向ける**「新自由主義」を是認**するようになっていきます。

反成長を唱える人々は新自由主義に賛同する

一方で「反成長」とは、一国の経済が成長していくことはダメなのだという態度を意味します。「環境主義者」の多くが、この「反成長」を好みます。成長すれば環境が破壊されていくからです。「となりのトトロ」のような自然たっぷりの世界を守り続けるには、経済成長なんてしちゃだめだ、という発想です。今、ＳＤＧｓ等のキーワードを使った環境主義が、（新しいタイプのマルクス主義、すなわちやはりここでも「サヨク」

のイデオロギーとも関連しながら）軽いブームになっていますが、こうしたブームが、反成長の機運を高めているのです。

そして、こうした「反成長」の機運があれば、経済がどれだけ停滞しようが衰退しようが、それによってどれだけ民が苦しめられようが、「しょうがないですね」と、その停滞や衰退を是認することになります。というよりもむしろ、衰退し、停滞していけば、日本人の環境負荷、環境破壊は縮小していきますから、諦めるというよりもむしろ積極的に「停滞しても衰退しても、いいじゃないか、大変結構なことですよ」とすら考えるに至ります。

誠に恐ろしいイデオロギーですが、反成長とはそういう代物なのです。

そして、財政政策に関して言うなら、積極財政の必要性を感ずることも無くなっていきます。成長するためには積極財政が必要なのですが、成長それ自身が必要ないなら、何も無理して政府が積極財政をする必要などなくなるからです。**だから、反成長を好む人々は自ずと緊縮を好むようになります。**

さらには、成長なんて要らないと思っているわけですから、政府に何かを求める気分も停滞します。かくして、**反成長の人々は、結局は、新自由主義的な考え方にも賛同するようになっていきます。**

もちろん、**反成長イデオロギーの人々は、表面的には「新自由主義」的な政策に反発することが往々にしてあります。**それは、自民党を中心とした与党政権は過去何十年ものあいだ、「政府の仕事を民間にさせる新自由主義政策は全て、成長のためなんですよ」という説明を繰り返しているからです。したがって、反成長の人々は、そういう自民党的新自由主義説明に反発し、新自由主義を表面的に否定する場合があります。しかし、新自由主義は成長をもたらすのではなく衰退を導くもの。経済理論の視点からも、そして、過去20年の日本の過去の経験からもそれは明白です。したがって、反成長イデオロギーの人々にとって、新自由主義は、表面的なホシュ政治家達の言説とは裏腹に、誠にもって都合のよいイデオロギーなわけです。

かくして、平和主義を信じ反成長を好む人々は自ずと、「政府なんて何もしなくてもいい」と考えると同時に、時により積極的に「何もしない方がいい」とすら考えるようになっていくのです。その結果、表面的な好みやイメージはさておき、**反成長や平和主**

義を唱え続けていれば、そのうち必ず「緊縮」主義や「新自由」主義を支持するようになっていくわけです。

そうなれば、**我が国の衰退、そして消滅は決定付けられることとなります。**

この理由はすでにこれまでの議論からも明らかではありますが、簡潔に言うなら、政府には日本の国民、日本の国家のためにやらなければならない仕事が山のようにあるからです。

たとえば、後ほど詳しくお話ししますが、積極財政を通したデフレ脱却や、外国からの様々な侵略の防御などがなければ、我が国はその存続さえ危ぶまれる深刻な被害を受けることになります。にも拘わらず、それらの危機に対応するための政府の取り組みを全て停止させる緊縮や新自由主義を是としている限り、必然的に国家は弱体化し、滅び去る運命へとまっしぐらに進むようになるのです。

したがって、我が国が軽薄な平和主義を唱え、無配慮な反成長を好み続ける限り、日本国民に希望ある明るい未来など訪れ得ないのです。というよりむしろ、**我が国が今、どんどん衰退し続けてきているのは、こうした平和主義と反成長が、戦後日本人の精神**

を支配し続けたことの必然的帰結なのです。

「平和主義」と「反成長」がいつまでたっても消え去らない理由

ところで、反成長というのはもちろん平和主義にとっても都合のよいものです。成長しなければ軍事力増強なんてできないからです。したがって、平和主義者達の多くも、反成長を唱える傾向があります。いわば、**「富国強兵」**（国と成長させて軍を強くする）の正反対の**「貧国弱兵」**（国を貧しくさせて軍を弱くする）の理念ですね。

一方で、反成長を好む人達もまた、平和主義を好むようになります。平和であれば成長なんて必要なくなるからです。しかも、反成長を主張する人達は、成長など全く必要だとは考えていないので、「富国強兵」を目指す人々に対して激しい反対の姿勢を打ち出す事になります。かくして反成長の人達は、平和主義者を強力に支援する人々でもあるのです。

つまり、**平和主義と反成長は、大変に親和性が高く、互いが互いを求め合い、補強し**

合う状況にあるわけです。

今の日本は、長引く経済低迷で苦しむ人々がますます増えてきていますから、成長が必要だという機運も高まりつつあります。また、台湾・尖閣有事が迫っており、平和主義なんて唱えてられないという意見もどんどん増えています。

ですが、**いつまでたっても反成長も平和主義もなくなっていきません。**

これはそもそもどんな危機的な状況に陥ろうとも、平和主義や反成長という気分が、日本人の精神の奥底にまで染みこんでしまっており、そう易々と洗い流すことができなくなっているからです。

ましてや、反成長と平和主義は互いが互いを求め合い、互いに活性化させあってしまう構造がある以上、一方の勢力弱まっても、もう一方が残っていればそれがもう一方を支援するお陰で、いつまで経っても消え去らず、残り続けるという構造があるのです。

図1　2021年第3四半期の各国インフレ率の対前年度比

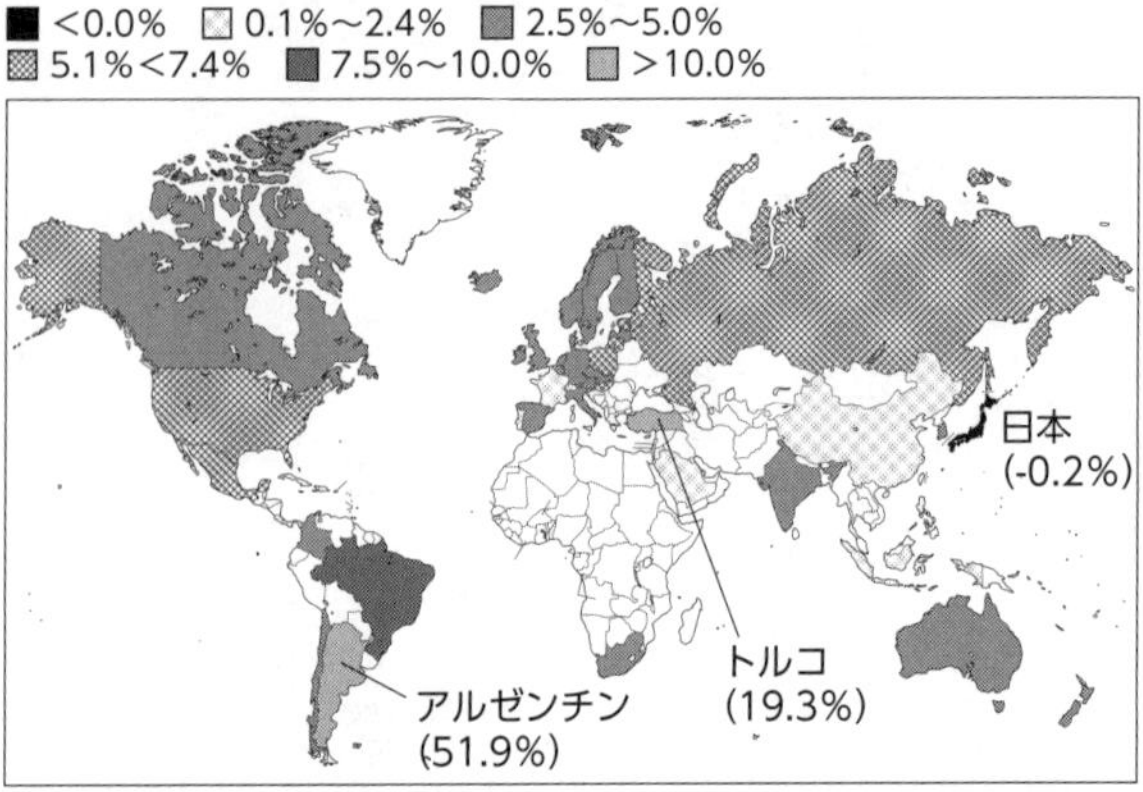

出所：出典　Pew Research Center: Inflation has risen around the world, but the U.S. has seen one of the biggest increases, NOVEMBER 24, 2021を元に作成

日本は成長しなかったことで、激しく貧困化してしまった

たとえば、コロナ禍ならびに、その後のウクライナ情勢を受けて、我が国の経済被害は尋常ならざる水準にまで至っています。コロナ前からコロナ後にかけての経済成長率は、主要諸外国はプラスの水準を保っているにも変わらず、我が国日本はマイナス成長、すなわち、縮小するに至っています。その結果、現在、多くの国民が「反成長」なんて馬鹿馬鹿しい、とっとと「成長」させてくれ、という機運が高まりつつあることは事実です。

図1は、2021年11月に公表された、同年第3四半期（7月〜9月）の各国のインフレ率を示したものです。この図からも明らかな通り、今現在、**我が国日本一国だけが、マイナスのインフレ率を示す「デフレ」の状況にあることを示しています。**世界中コロナ禍で経済的な大ダメージを受けていた筈で、日本だけが停滞しているわけではないだろうというイメージを、多くの国民が漠然と持っていたものと思われますが、そういうイメージとは裏腹に、今現在、衰退しているのは、世界の中で我が国一国だけだったわけです（※1）。

インフレ率だけだと分かりづらいという方もおられるでしょうから、実際の成長率に着目してみましょう。図2は、アメリカ、中国、そして欧州の代表国としてのドイツと、我が国日本の成長率を示しています。このグラフは、コロナ禍が襲来する前の2019年から2021年までの実質GDPの変化率（実質成長率）を示すものです。この成長

※1 インフレ率は、必ずしも成長率とは一致せず、石油や食料品の輸入価格にも影響を受けますので、インフレの国が必ずしもプラス成長しているとは言えませんが、この地図が示しているのは、相対的に日本がインフレ率が低い、という事です。一方で、石油や食料品の価格は世界的に共通していますから、日本だけがインフレ率が低いということは、日本だけが相対的に経済が縮小していることの明確な実証的証拠になっているのです。

図2　コロナ前(2019年)から2021年にかけての2年間実質成長率

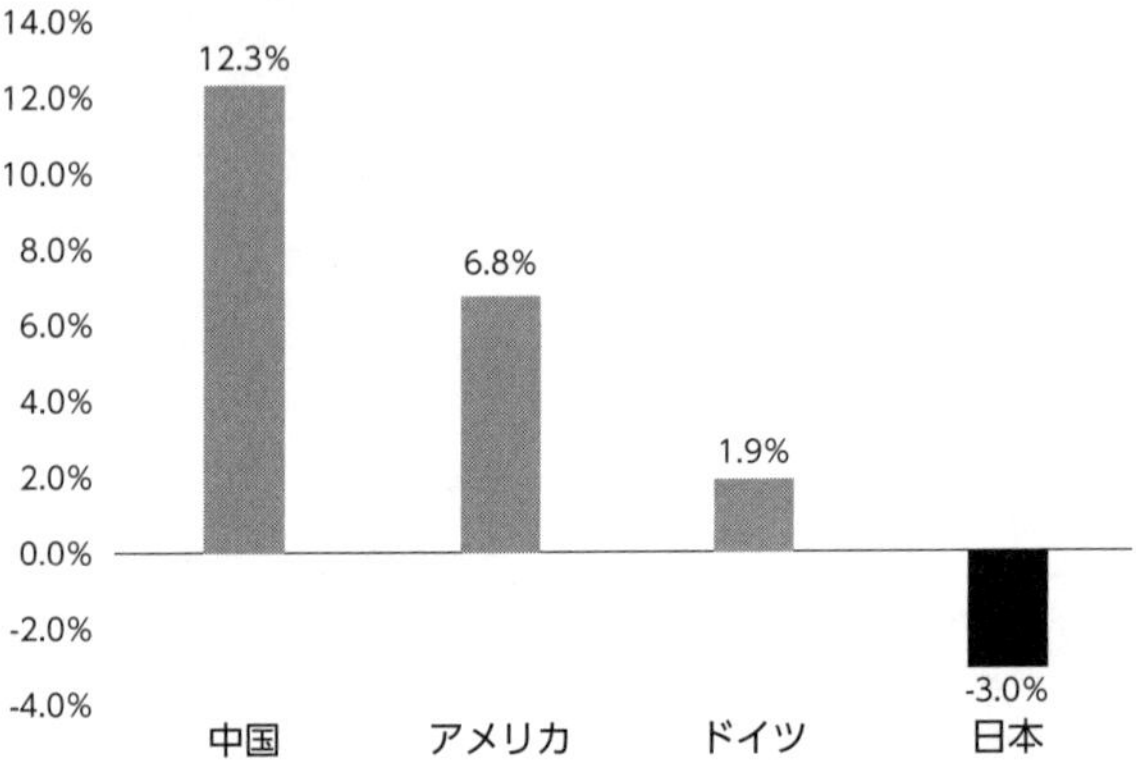

率はいわば、コロナ禍からどれくらい立ち直っているのか、という尺度と考えることができるでしょう。

　この図が示しているように、コロナ前後で中国は12％以上、アメリカ約7％成長し、長引くロックダウンで激しく経済が傷付いたドイツですら約2％の成長を遂げていることが分かります。それにも拘わらず、我が国日本はやはり唯一の「マイナス3％」となっています。つまり、世界中が成長している中で、我が国日本だけが実に3％も実質GDPが縮小しているのです。

「反成長」の人達は成長なんて必要ないという気分があるわけですから、こういうデータを見てもだからどうした、と言い兼ねないのですが、常識的な一般的国民はこれはマズいと感じているはずです。

ただし、これよりも、今、一般メディア上でも話題になっているのは、次ページのデータでしょう。

これは、入社一年目の年額の基本給、つまり「初任給」です。

ご覧のように、日本は262万円なのですが、これは**韓国よりも低い水準なのです。**ほんの20年くらい前まで、韓国といえば我々日本人からみて大変に貧しい国だったわけですが、こちらが一向に成長していない間に、韓国は成長し、両者の貧富の差が「逆転」してしまうことになったのです。

ただしこれは韓国が著しく成長しているからという訳ではありません。シンガポールだって日本よりもずっと所得の低い国だったのですが、逆転されてしまっています。

というか日本はそもそも、一人あたりの国民総所得が実質的に世界で一番だったのですが、この失われた20年の間、全く成長できず、ほとんどの主要国に追い抜かれてしまったのです。そして今や、欧米の国々は日本を圧倒し、アメリカは2倍以上の640万

図3　日本と諸外国の大学初任給

今や、日本の初任給（年収）は韓国以下

スイス	800万円以上
アメリカ	640万円以上
ドイツ	530万円以上
ノルウェー	400万円以上
シンガポール・韓国	300万円前後
日本	**262万円**

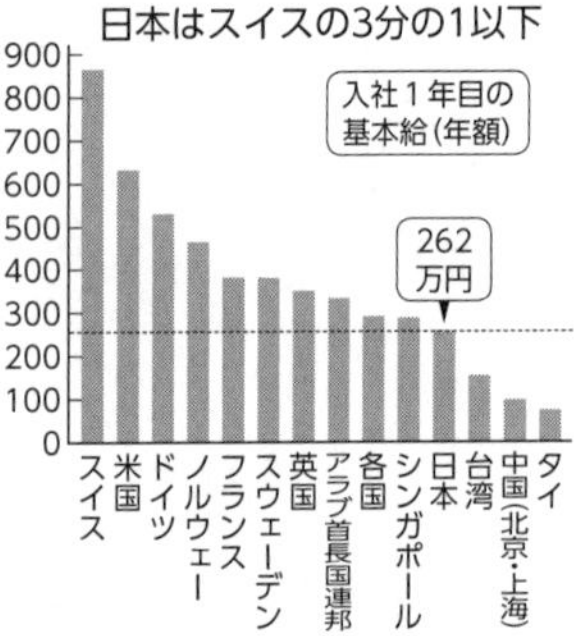

出所：日本経済新聞

円、スイスに至っては８００万円以上という3倍以上の水準に達してしまっているのです。

その結果として、外国の人々にとってはさして高くないものでも、所得の低い日本人にしてみれば驚く程高く感ずる様になってしまっています。たとえば、最新のｉＰｈｏｎｅは今や18万円にまで値段が上がってしまっています。これは、普通のサラリーマンの手取り初任給に匹敵する価格ですが、アメリカやスイスでは、初任給の半分や3分の1程度の支払いで手に入れることができるのです。

こうなってしまったのはもちろん、経済

が成長しなかったからです。

そもそも経済成長というものは、国民所得の増加を言うものですから、**成長しなければ、国民の所得は縮小していくのは、定義上自明なのです。**つまり、**日本は成長しなかったことで、いつのまにか「貧しい国」になってしまっていたのです。**

そして、こうした日本の貧困化という現実が今、少しずつ国民の間にも知れ渡る様になり、「成長しなけりゃいけないじゃないか」という機運が徐々に広まってきているのです。

「平和主義」がある限り「成長」主義は主流にはなれない

このことは、日本における「反成長」の認識が、少しずつ弱体化しつつあることを意味しています。

しかし、せっかくのこの「反成長」主義から「成長」主義への機運も、「平和主義」のせいで冷や水が浴びせかけられる事態となっています。

まず、これだけ成長しなければ、日米の格差、そして近年では日中の格差がどんどん開いていくことになります。ほんの少し前まで日本は中国よりも大きな経済規模を誇っていたのですが、２０１０年に逆転されてから日中の経済格差は2倍以上に膨らんでしまいました。そしてこのまま今の日本の衰退を放置すれば、その格差は3倍や4倍に膨らむことは必至の状況です。そして、このまま10年、20年と放置すれば、その格差は10倍程度にまで拡大することが予想されているのです。

ここまで経済格差が付けば、**「資本買収」という形での日本の経済的侵略はもちろんのこと、尖閣有事を通した「軍事的侵略」のリスクが、年々高まっていくことになります。**だからこそ、常識的な国民は、反成長のままでは日本は諸外国に好きにされてしまう、何とか成長に転じなければ――と認識することになる筈なのです。

ところが、**日本の「平和主義」は極めて特殊で、そんな悪意を中国等の周辺国家は持たない、というあり得ない非現実的な認識をもっています。**そういう彼らの認識の唯一の根拠は、憲法に周辺の国々は「平和を愛する諸国民」であると書いてあるから、ということなのですが、いくら憲法に書いてあろうと、それによって現実が変わることなどありません。

いずれにせよ、そんな非現実的な「平和主義」が根強く広まってしまっているが故に、日中の経済格差が拡大することが問題だとは認識されないのです。その結果、平和主義が蔓延っているからこそ、我が国日本の経済の衰退が「しょうがないことですね」の一言で片付けられてしまうのです。

多くの国民にとっては誠にもって理解に苦しむ話しかもしれませんが、平和主義者の前提は、世界中の人々は平和を愛する悪意無き人々だというものになっているので（そういう前提がなければ、軍事力を放棄する平和主義など、正当化出来る筈もありません）、どれだけ日本が衰退しようと、だからといって日本が危険な状況に追い込まれてしまうとは一切考えないので、成長主義への転換を希求することにはならないのです。かくして、日本がどれだけ衰退しても**「平和主義」がある限り「成長」主義は主流にはなれず、反成長がいつまでも残存し続ける**ことになるのです。

「平和主義」は「反成長」のイデオロギーによって守られ続ける

このように、「反成長」というイデオロギーは、「平和主義」というイデオロギーによって守られ続けるわけですが、もちろんこれと逆のことも起きています。

たとえば今、台湾・尖閣有事の危機がかつてない程に高まっています、その結果、国民の間に軍事力増強の議論が拡大し、「平和主義」の勢いが弱体化する動きが高まりつつあります。平和主義はそもそも「周辺の国々は悪意の無い、平和を愛する人々だ」というあり得ない状況を前提とするものですが、その前提があまりにも現実からかけ離れたものであることが明らかになってきたため、そんな嘘話を信ずる人自体が少なくなってきてしまったのです。

その結果、今、岸田内閣で巻き起こっている議論が**「防衛費の倍増」**という議論です。

ただし、「反成長」のイデオロギーは台湾・尖閣有事によって直接打撃を受けることなく、政府の中にも国民の中にも成長なんてしなくていい、という機運が濃密に残存しています。

こうした中で霞ヶ関や永田町で囁かれ始めたのが、**「防衛増税」**です。つまり、反成長の人々からすれば、防衛費倍増を行うにしても、だったら「新たな財源」を見つけなきゃならんな、という議論になるわけです。

これが成長主義者ならば、絶対そうなりません。そんな防衛増税等してしまえば、成長が滞り、衰退することが目に見えているからです。

ですが、反成長主義者は、そんなこと、何も頓着しません。

かくして今、台湾・尖閣有事の危機の高まり故に、平和主義が幾分弱まり、政府が「防衛費倍増」の方針を打ち出すに至ったものの、反成長主義は濃密に残存しているが故に、経済衰退必至の「防衛増税」が打ち出されてしまっているのです。

そうなると今度は、国内には「防衛増税」に対する反対が巻き起こることは必至です。そうすれば、政府はその反対に押される格好で、防衛費増強を諦めるか、諦めないにしても規模を縮小せざるを得なくなる——というところに落ち着くことになることは必至です。

こうして平和主義は、これだけ台湾・尖閣危機が高まっているにも拘わらず、「反成長」

の力を借りて、生き延び続けられてしまうことになるのです。

「平和主義」「反成長」の呪いを解かない限り未来はない

日本全体を一つの個人と見立て、そこに一つの精神が宿っていると考えるのなら、我が国は今、「平和・反成長」イデオロギーという、日本自身をダメにする一つの精神疾患を煩っている状況にあると言えるでしょう。

デフレやコロナ、円安などでどれだけ経済が衰退しようと、反成長のイデオロギーがある以上、諸外国ならば当たり前のことができなくなっているのです。仮に、その経済衰退が極めて激しいもので、成長しようという気持ちがある程度拡大してきたとしても、「平和主義」イデオロギーを心底信じてしまっているが故に、「やっぱ、成長しなくてもいいか……」と認識し始めてしまうのです。そして、その状況が暫く続けば、徐々に、デフレやコロナ禍による経済被害の状況にもなれてきてしまい、成長についての議論が有耶無耶にされてしまうのです。

かくして日本は世界でもっとも激しく経済が衰退する国家となってしまったのです。

同様に、ロシアや中国の侵略的態度が顕著となり、津軽海峡をロシア艦隊が通過し、与那国が中国軍に囲まれる状況となっても、軍拡すべきでない、むしろ軍を放棄すべきだという「平和主義」がある限り、防衛力増強の議論がなかなか本格化することがありません。仮に、そうした安全保障上の問題が顕在化し、防衛力増強論が幾分活性化したとしても、「反成長」のイデオロギーがある以上、普通の国のように、国債を発行して防衛費を増強するという当然の議論が主流にはならず、財源が必要だとか、防衛増税が必要だとか言う議論が巻き起こり、結局は、防衛力の抜本的増強論も、有耶無耶にされてしまうのです。

つまり我が国日本は、平和主義イデオロギーと反成長イデオロギー、すなわち、「平和・反成長」イデオロギーという、現実からかけ離れた不条理極まりない思い込みが正しいと頭から信じ込んでしまい、どれだけ衰退しようが、外国からの軍事的脅威にさらされようが、何もできなくなってしまう状況におかれているわけです。

その結果、外国からの軍事的、経済的侵略にますます晒されるようになり、ますます衰退していくことになっているのです。

これこそ、当方が「日本はこうやって滅んでいくのか……」と認識した状況認識です。

では、こういう衰退の果てに、我が国は一体どの様に滅んでいくのか……この点について、次の章で、カルタゴやチベットのように滅び去っていった国々の歴史を振り返りながら、**いかに今日の我が国が、過去において滅び去っていった国々と同じような状況に置かれているのか**を、明らかにしていきたいと思います。

第2章　「21世紀」における国の滅亡とは？

「日本が滅亡する」というイメージが共有されはじめている

本書で論じようとしている「日本の滅亡」とはどういうものなのか――それは、紀元前のカルタゴや20世紀のチベットの様にローマや中国といった近隣の大国に軍事力で攻め込まれ、中央政府が解体され、国が無くなってしまうという、国家の滅亡として多くの人々がイメージする典型的な事態とは全く異なっています。

そういう国の滅亡は、有史以来、ごく最近の20世紀後半までスタンダードなものでした。しかし、今日ではそういう国の滅亡は、ほとんど考えられない状況になってきています。ウクライナ侵攻ではそのイメージに近い帰結がありえますが、ロシアはウクライナを完全解体するところまで考えているとは思われません。今日における唯一の例外として、中国による「台湾併合」はあり得ますが、中国はそもそも台湾を一つの国と認定してはいませんし、アメリカや日本ですら、台湾を一つの国として正式認定している訳ではありません。中国はあくまでも、台湾は中国の一部（すなわち「一つの中国」）だと認識しているわけです。

そう考えますと、日本が中国やロシア、さらにはアメリカに侵略され、カルタゴやチベットのように日本という国が未来永劫無くなるような事態は考えがたいのです。

しかしそれでもなお、かなり近い将来に、場合によっては当方が生きて居る間でも、**「日本滅亡」はあり得る**と考えています。

しかも、そう感じているのは、当方一人ではないのです。

たとえば、評論家の伊藤貫氏は、ロシアのウクライナ侵攻について総合的に論じた批評文にて、我が国が如何に自主防衛を全く考えていないのかを子細に論じた上で、次の様に断定的に論じています。

「自主的な核抑止力を持たない日本は、十数年後に滅びるであろう」

核抑止論については本書にて後ほど述べたいと思いますが、核を持たざる我が国日本はロシア、中国、北朝鮮、アメリカという四つの核保有国に囲まれ、しかも、その内の三つの国（中国、ロシア、北朝鮮）と潜在的な交戦状況にあり、かつ、その内の一つの国（アメリカ）に事実上の保護領扱いを受けています。

そんな状況の中で今、ロシアも中国も北朝鮮も、自らの生き残りをかけて必死にもがき続けています。世界最大の超大国アメリカもそんなロシア、とりわけ中国の猛追を受け、冷戦直後に見られた余裕状況ではすでになくなってしまっており、その意味においてアメリカも必死になっている状況にあります。

そんな自らの生き残りをかけて何の余裕を持たない四つの核保有国に囲まれた我が国日本が、これら四つの国々から友情や慈愛を受け続けていくなんていう都合の良い話しは絶対にあり得ません。この4カ国はそれぞれ、この日本をどうやって上手く自らの利益のために利用できるかを考えているのであって、日本に対する働きかけの全ては、それ「だけ」に基づくものだと考えて然るべきなのです。

それにも拘わらず、（同記事にて伊藤氏が子細に指摘しているように）我が国には核抑止力を持たないどころか、それを持とうとする議論すらほぼ完全に封殺されてしまっているのが我が国の現状です。たとえば、岸田現首相はロシア・ウクライナ戦争勃発後に俄に活性化した日本における核武装論の議論の全てを否定し「議論することすらしない」と宣言してしまっています。そうなってしまっているのは、岸田氏が本で言う所の「幼稚な平和主義」に雁字搦めに縛られてしまっているからに他なりません。

伊藤氏は、そんな愚かしい平和主義に縛られ、核武装の議論もできないでいるなら、十数年以内に滅びる他無いだろうと、我々に強い警告を発しておられるわけです。

あるいは、伊藤氏とはまた全く別の文脈で、日本の滅亡を主張している方としてあげられるのが、電気自動車で世界の自動車市場を激変させているテスラの創始者イーロン・マスク氏です。

彼は2022年5月、ツイッターに**「当たり前のことを言うようだけど、出生率が死亡率を上回るような変化がない限り、日本はいずれ存在しなくなるだろう。これは、世界にとって大きな損失となる」**と投稿しました。これは、単なる事実の指摘、ではあります。人口減少が続けば、当然、遅かれ早かれ世界中から日本人が消えて無くなることになります。

しかし、マスク氏の主張は、そうした物理的数理的真実を述べたというよりも、この人口減少というトレンドの先に、「日本国家の滅亡」という事態が待っているであろうことを暗示するものであったと解釈することができるでしょう。

すなわち、マスク氏の主張は、日本国民の絶滅という事態というよりはむしろ、日本人の人口が、日本という国家を政治的、社会的、文化的に保守し続けるために必要な最低限の人口をこのままの少子化傾向が続けば下回ってしまい、日本という一つの伝統的国家を政治的、社会的、文化的に支えることができなくなり、事実上、日本という国が滅び去る、というイメージをベースとした発言だと思われます。そして、多くの日本人がそのように受け止めたからこそ、この発言が大きな波紋を呼び、数多くの記事で取り上げられると同時に、**「日本消滅」**というキーワードがネット上でトレンドワード入りする帰結となったのです。

三島由紀夫が論じた「日本の滅亡」

こうした「日本が滅び去る」というイメージを描写した議論の中で、多くの国民に広く知られた重要な指摘が、三島由紀夫が自決する約4カ月前の1970年7月7日付の産経新聞に寄稿したエッセイ『果たし得ていない約束 恐るべき戦後民主主義』の中の下の一節です。

「私はこれからの日本に大して希望をつなぐことができない。このまま行ったら『日本』はなくなってしまうのではないかという感を日ましに深くする。日本はなくなって、その代わりに、無機的な、からっぽな、ニュートラルな、中間色の、富裕な、抜目がない、或る経済的大国が極東の一角に残るのであろう。それでもいいと思っている人たちと、私は口をきく気にもなれなくなっているのである」

ここで三島が指摘しているイメージは、イーロン・マスク氏が言うようなものとは異なり、「日本」という国そのものは、人口が大幅に減少することもなく経済大国として繁栄し続けているものの、その中身が、それまでの日本とは似ても似つかない**「無機的な、からっぽな、ニュートラルな、中間色の、富裕な、抜目がない」**国家となってしまう――それは日本国家と便宜上呼ばれているとしても、そんなものは、かつての日本とは全くことなるものなのだ、という指摘です。

これはたとえば、今のイタリアという国は、紀元前に成立した「ローマ帝国」と同じ場所に存在しており、遺伝子的にはイタリア人とローマ人は同じかもしれないが、ローマ帝国とは全然違う国になってしまっており、現代のイタリア人は、かつてのローマ人とは全く異なる、別の存在となっている、という話しと同じです。

こう考えれば、この令和の時代の日本人というのは、万葉の時代の日本人や武士の時代の日本人、さらに言うなら、昭和の時代まで当たり前に生きていた伝統的な日本人とは似ても似つかない、全く別の存在であるかのように思えてきます。

ですが、イタリアとローマは「全く別の国」である一方、万葉や武士の時代の「日本」と、今日の「日本」とは、連続しているものと解釈することも可能です。同じ日本語を話し、古文の文法を学べばそれなりに昔の日本人の言葉を理解することもできる。あるいは、万葉集や新古今和歌集、あるいは、平家物語や太平記の物語を、当時の日本人と同じような心情でもって観賞することもできます。

そしてそうした連綿と引き継がれて今の日本がかつての日本と連続している、ということを**象徴**しているのが、**「皇室」**の存在です。

神武天皇から今日の今上天皇に至るまで、「万世一系」で連綿と血統（すなわち皇統）

が引き継がれてきていると同時に、「三種の神器」や新嘗祭・大嘗祭をはじめとしたさまざまな「神事」が継承されてきています。今のイタリアやギリシャには、そうした連綿とローマやアテナイから継承されてきたものはありませんから、その点において、少なくとも今の日本は、かつての日本と一定の連続性を維持してきているわけです。

ですが、三島は、このまま行けば、「戦後」というこの時代の中で、そうしたものがあらかた蒸発してしまい、無機的でからっぽな何も中身の無い国になってしまう――ということを危惧したのです。そうであれば、その国がどれだけ経済的に繁栄していようが、それはもはや日本ではないではないか、と指摘したわけです。

この三島の指摘は、**「脳死」**という概念を用いるとわかりやすいのではないでしょうか。「脳死」というのは、心臓や肺は動いてはいるものの、脳の働きが全て止まってしまった状態を言います。外から見れば、心臓も肺も動いており、温かみもあるので、脳死状態にあっても「生きている」ように見えます。ですが、脳の働きが全て止まってしまっているので、何かを認識したり考えたりすることができません。私達が一人一人の人間に想定する「こころ」というものがない状態です。したがって、脳死は、生きているように見えたとしても、殆どの国で「人の死である」と認定されているのです。我が国においても、現在では（一定の条件を満たせば）「人の死」と認定されるようになってきています。

この脳死という概念を用いれば、三島は、日本人が「日本人として脳死」の状態になるということを指摘しているわけです。仮に元気に活動しているように見えても、空っぽで無機質な活動であるのなら、そこには「日本人としてのこころ」は何もないのであり、カネ儲けの話しに幾分反応するだけの「抜目がない」ニンゲン達が跋扈する世の中になってしまっているわけです。それはもう日本人ではないわけです。

この三島の指摘は今、ますます現実化しているといっていいでしょう。

上記のように一定の伝統的なものを令和日本人も古代日本人、近世日本人、中世日本人から引き継いできてはいるものの、その伝統はこの令和の時代、あらかた蒸発してしまっていると言って過言ではないでしょう。

もちろん「こころ有る日本人」は、減ってきているとはいえ皆無になったわけではなく、この令和日本においても（たとえば、皇室の中等をはじめとして）一部残存していることは残存していると考えることもできる筈です。

とはいえ、三島ですら、将来の見通しについて相当「楽観」し過ぎていたきらいはあります。

というのも、このエッセイを認めてから半世紀以上たった今、日本はもはや、「富裕な、抜目がない経済的大国」とは決して呼べない国家に成り下がってしまっているからです。「人はパンのみに生きるにあらず」ではありますが「衣食足りて礼節を知る」のもまた真実。「反成長」主義の影響が強すぎたのか、今の日本は全く成長できない国家に成り下がり、急速に貧困化が進んでしまい、衣食すら足りないような国民が急拡大しているのです。結果、今の日本国民はこの衰退経済の中で（一頃ブームになった韓国のＴＶドラマ「イカゲーム」のような）限られた椅子を多くの競争相手と奪い合う命がけの椅子取りゲームを強要される状況に至っており、かつて日本人が伝統的に持っていた惻隠の情や義理や人情、そして忠義や孝行といった心情も習慣を急激に失い始めてしまったのです。

したがって、今の日本は「富裕な、抜目がない経済的大国」というよりもむしろ**「貧**

困な、あさましい衰退国家」に転落してしまったわけです。

おそらく三島がもし令和の現代に復活して今の日本人を目にすれば「これはもう、ますます日本人でないではないか、日本はまさに、滅ばんとしているのだ」と確信したことでしょう。

「日本の滅亡」とは何を意味するのか？

マスク氏は、少なくともその発言を字義通りに捉えれば物理的に人口が消えて無くなることを「日本の滅亡」を意味するものだと発言していた一方、三島は、物理的経済的繁栄はさておき、日本人が日本人でなくなることを「日本の滅亡」だと発言しています。

ですが、すでに指摘したように、マスク氏は事実上、日本人の「遺伝子」がゼロになることを日本の滅亡と呼んでいるのではなく、あくまでも、社会的文化的政治的な「日本人」が存続できない程に人口が減少してしまうことを日本の滅亡と呼称していると考えることができます。

一方、三島の「日本人が日本人でなくなる」という傾向は、（先に「衣食足りて礼節を知る」の議論を通して指摘した様に）経済が衰退し、人口が激しく減少していけばいく程に高まっていくことも間違いありません。

そう考えると、三島の日本滅亡論とマスク氏の日本滅亡論は、一見全く異なる正反対のものであるように見えますが、現実的には同様の事態を指し示していると解釈することもできるでしょう。

そう考えた時、「日本の滅亡」とは一体何を意味するのかと言えば、**極簡潔に一言で言うなら、「日本が日本であるアイデンティティを無くす」ということです。**

そのアイデンティティを日本の伝統に直接的に求めれば三島の議論となます。そして、その「アイデンティティ」というものをこの文脈の中で一言の日本語で表現するとすれば、それは「国体」という言葉そのものとなると言うことができるでしょう。一方で、そのアイデンティティを形式的な人口規模に求めればイーロン・マスク氏の議論となるわけです（※2）。

そして、このアイデンティティという概念を用いたこの定義をより具体的に述べるなら、次のように言うこともできます。すなわち、**日本の滅亡とは「日本という国家の社会的・文化的な特徴を喪失してしまうこと」**を意味するものなのです。

たとえば、未だに日本には、日本的な礼儀や侠気、惻隠の情や家族親族のいたわり合いがあり、それぞれの地域に固有の産業や風土、風俗が残存しています。そうした日本固有の社会的文化的特徴が日本のアイデンティティを形作っているわけですが、それらが今、急速に失われ続けています。

侠気や惻隠の情と言っても意味がわからないという若者が大半でしょうし、家族、親族のいたわり合いも、かつての中江藤樹の様な孝行の概念はあらかた失われてしまっています。たとえば、筆者は大学で留学生をよく引き受けますが、親孝行の精神は、今や日本人よりもアジアや欧米の国々の学生の方が圧倒的に高い水準になっています。日本各地の固有の産業は、グローバル化と長引くデフレ不況中で壊滅的被害を受けて、瀕死の状況に陥り、かろうじて生き残った地方都市も、その地の風土風俗は急速に希薄化してしまい、「金太郎飴」のような地域となりつつあります。

すなわち、今の日本は、「未だに社会的文化的アイデンティティは残されてはいるが、急速に失われつつある」という状況にあるわけです。

「日本の滅亡」とは、このアイデンティティが決定的に失われてしまう状況を意味しているわけです。

「外国による政治的支配」が「日本の滅亡」を決定付ける

では、アイデンティティの決定的喪失、つまり、日本が決定的に日本でなくなってしまう、というタイミングはいつ訪れるのでしょうか。

それは、**日本の「政治」が日本人以外の何ものかに操られるようになった時**、なのです。

そもそも、アイデンティティというものは、それがあるだけで、持続しようとするも

※2 先に、三島の議論とイーロン・マスクの議論とは形式上は全く異なるが、その内実は概ね同様のものであると指摘しましたが、それは、「国体」を守るためには、形式的な人口規模が一定以上の水準が維持されていることが得策であり、人口が減少し過ぎれば、国体の存続そのものが危ぶまれることになるからです。

のです。日本人であれば、日本人としての風習や習慣を続けようとするのは当たり前です。それは、牛として生まれた動物は牛として生きていこうとしたり、魚として生まれた動物は魚として生きていこうとすることと何ら変わり有りません。だから、ドイツ人にせよフランス人にせよ、ドイツ人やフランス人として生きていくことが正しいからだとか得だからだとかという話しとは別に、当然のこととしてドイツ人やフランス人として生きていっているに過ぎないのです。

そうである以上、日本人がアイデンティティを失うという事態は、日本人が日本人として生きている限り起こり得ないものなのです。したがって、アイデンティティが失われるという事態が生じてしまうのは、日本人の振るまいが、日本人の自由意志、つまり「自」らを理「由」とする遺志とは異なる、日本人以外の何らかの意図によって歪められてしまうことで生ずるのです。

そして、日本人の振る舞いに最も甚大な影響を及ぼす営為とはもちろん、「政治」です。「政治」は法律をつくったり書き換えたり、様々な巨大プロジェクトを設計したり実施したりする営為なわけですから、日本人の経済活動、社会活動、文化活動など、ありとあらゆる振る舞いに抜本的影響を及ぼし得るわけです。

したがって、日本人のアイデンティティが失われるシナリオというものは、偏に、日本人の政治が、日本人以外の何ものかによって「支配」され「管理」され「コントロール」されるようになった時に生ずることとなるのです。

そしてまさに今、日本では、日本のアイデンティティを守る為に必要不可欠な政治が、アメリカ、そして中国に激しく支配され、コントロールされつつあるのです。

なぜなら今日本は、アメリカ、中国の**「グローバリズム植民地」**に成り下がりつつあるからです。この「グローバリズム植民地」というのは、本書において筆者が提唱する概念ですが、それは要するに、20世紀までの帝国主義時代の植民地ではなく、21世紀における「グローバリズム時代」における新しいタイプの植民地という意味です。

グローバリズム植民地といわゆる帝国主義時代の植民地は、表面的には軍事的な侵略を伴うか伴わないかという点に違いがありますが、その本質は何も変わりません。

ついては、まず、典型的な20世紀までの**帝国主義時代における、植民地というものが一体どのようなものであったのか**を、説明することといたしましょう。

第3章 「植民地」支配で、多くの国は滅び去ってきた

「植民地」という搾取の構造

植民地とは、主として欧州各国が16世紀20世紀にかけて、アジア、アフリカ、南アメリカの国々を軍事的に征服した上で行っていた支配形態です。

植民地支配がもっとも激しく進められたのが、第一次大戦前後の時期で、20世紀初頭のころには、ヨーロッパ系白人が地球上の土地の84%を支配するにいたります。

こうした植民地支配は、大航海時代に遡ります。

15世紀、欧州の海洋航海技術の進展で、地球上のあらゆる地域への「大航海」が可能となりました。当時の大国であったスペイン、ポルトガルがこの大航海を積極的に行い、コロンブスがアメリカ大陸を「発見」しています。

その後、両国は大航海を繰り返し、訪れた地の原住民達を圧倒的に強い軍事力にものをいわせて植民地として支配するようになっていきました。

その典型的な植民地の一つが、フィリピンです。

フィリピンは16世紀にスペインに征服されて植民地化され、スペインにいいように使われ、搾取されていきます。そして、19世紀末から20世紀中盤に「独立」するまで、今度はアメリカの植民地として同じように搾取されていました。

もともと複数の島から構成される現在のフィリピンには、それぞれの島を統治する複数の王国がありました。しかし、強大な軍隊を持つスペインがフィリピンのそれら複数の王国を軍事的に制圧し、それらをまとめてスペインの植民地としたのでした。

植民地にも、一応は「国」が存在してはいるのですが、その国は、支配者である**「宗主国」**の**「属国」**なのです。

というよりこのフィリピンの例では、宗主国が原住民から効率的に富・利益を吸い上げる（搾取する）ことを目的としてでっち上げられた国が植民地の国ということになります。

つまり、植民地となった国とは、主人＝宗主国の奴隷なわけです。奴隷ですから、主人のいいように使われます。自分で何かを決める自由などなく、主人の道具という存在意義しか与えられません。

では、宗主国がどの様に属国である植民地を利用し、搾取していくのかと言えば、それには主に以下の三つの方法があります。

①**原料供給地**（香料や金、銀などの原材料・資源を供給させる＝奪い取る）

②**資本輸出地**（資本輸出の輸出先にする。つまり鉄道・港等のインフラ投資や工場投資等を行い、自国のものとして利用する）

③**商品輸出地**（貨幣経済を導入させた上で、宗主国でつくったものを買わせる）

つまり、宗主国はまず、属国の中にある価値あるもの（香料や金、銀など）を奪い去ります。もちろん、その採掘や生産については原住民達に強制させます。すなわち、**原住民の「労働力」**を活用するわけです。これが「原料供給地」としての活用です。

もともとスペインは、フィリピンに欧州で価値の高い「香料」があると見込んで植民地としたのですが、この狙いははずれ、あまり香料がとれない、ということがわかります。ついてはスペインはこのフィリピンの地を、交易の中継基地として活用していきます。当時、アジアとの交易は、欧州の国々に巨万の富を与えたからです。そして、19世紀にはマニラに大規模な港をつくり、さらに交易を加速していきます。

さらにスペインは「プランテーション農場」をフィリピンの地につくり、欧米で高く売れるタバコやマニラ麻や砂糖等を、原住民を使って生産させていきます。

こうしてスペインは、港や農場という「資本」をフィリピンの地につくっていき、それを使ってビジネスを展開し、カネ儲けをする様になっていったわけです。すなわち、スペインはフィリピンを**「資本輸出地」**として活用していき、自国ではできないビジネスを、フィリピンという植民地の土地と原住民の労働力を使って、低コストで展開していったのです。

以上が「原料供給地」と「資本輸出地」としての植民地活用のあらましですが、宗主国はこの二つに加えて、もう一つ、重要な搾取アプローチを展開します。

それが、**「商品輸出地」**としての活用です。

以上に述べたのは、宗主国による植民地の「土地」「資源」「労働力」の搾取・収奪という話しでした。ですが、この商品輸出地としての活用するのは植民地の「需要」なのです。この植民地の「需要」というものは16世紀や17世紀のころはさして重視されませんでしたが、19世紀以降の帝国主義の時代には、欧米列強から、植民地政策における最も重要な政策として位置づけられるものとなっていきます。

そのように植民地政策の方針が転換されたのは、19世紀からの帝国主義の時代、宗主国となった欧州各国は皆、デフレ不況に苦しんでいたからです（今の日本と同じですね）。つまり、生産能力が過剰になり、自国の需要だけでは、生産したもの全てがさばききれない状況になってしまっていたのです。だから、欧州各国は、過剰生産を消費してくれる「需要」を渇望する状況にあり、これが、帝国主義＝植民地による支配が地球上で横行した主な原因だったのです。

つまり欧州各国は、当時、需要不足を解消する方法として、その国の人々に自国の売れ残った品物を**無理矢理売りつけた**わけです。こうして**宗主国は植民地の人々の需要を収奪し**、自国民の産業を活性化させ、賃金水準を維持し高めていくという格好で、植民地を自国のために都合良く利用した経済成長を図ったわけです。

ただし、そうして無理矢理自国製品を売りつけ、原住民達の人々の需要を奪い去るためには、彼らが「貨幣」というものを使っていなくてはなりません。

ついては、宗主国側は、属国に対して「貨幣」というものを持ち込んで、それを軸とした**「貨幣経済」**を作り上げることとしたのです。

宗主国はそのためにまず「徴税」という概念を持ち込みます。つまり、原住民はそこで生きているだけで、それまで見たことも無い「オカネ」なるものを手に入れて、それをお上（宗主国）に毎月毎月支払わないといけない、という状況を、宗主国側が作り上げるわけです。そうすると、住民達は必死になってオカネを稼ごうとして、同じく宗主国が経営する農場なり工場なりで働いて、オカネを稼ごうとするようになります。こうして徴税という仕組みを使って、原住民達を「カネ儲けマシーン」に仕立て上げることを通して、資本主義における「労働者」にするわけです。そしてそれと同時に、モノやサービスを買うときにはオカネを使うように仕向け、「消費者」に仕立て上げていきます。そしてそういう制度設計アプローチを通して、その国の中に**「貨幣経済」を作り上げていくのです。**

そしてその上で、**宗主国は自分の国でつくった様々な商品を、植民地の原住民に売り飛ばし、原住民の需要を収奪していったわけです。**それと同時に、先に述べた「**資本輸**

出」で、現地に工場や鉄道等をつくることでも植民地に新たな需要を発生できる。

宗主国スペインは、こうして「徴税システムの導入」「貨幣経済の導入」という**壮大な改革**を敢行した上で、フィリピン人達の**「需要」を収奪**すると同時に、新たな**「投資需要」**を産み出すことに成功したわけです。

なお、このフィリピン人達の需要収奪は、19世紀末にスペインの後にフィリピンの宗主国となったアメリカが、特に強力に展開していった収奪方法だったのでした。

「貨幣経済」の導入による文化・社会の根本的溶解

以上、大航海時代からはじまる欧米各国による植民地支配の概要を、その典型例の一つであるフィリピンを例に取り上げながら解説しました。

すなわち宗主国であるスペインやアメリカは、軍事的に征服した後にフィリピン人の土地や労働力や需要を、自分達の利益が最大になるように搾取し続けたのです。

そのためにまず彼らは**原住民達の王国や部族を全て崩壊**させ、フィリピン国内にあった様々な**産業を崩壊**させました。

スペインがやってくるまで、フィリピン人は自分達が生きていくための食料を調達するための漁業や農業を中心とした産業を形成していたのですが、スペインはそうした産業をあらかた消滅させ、彼らを欧米向けのタバコやマニラ麻のプランテーション農場労働者や港湾労働者に変換させていったのです。

そもそも社会というものは、産業を中心にその基本構造や文化が創られるもの。たとえば日本は農村中心であったから、米作りを軸とした文化・社会がつくられ、それが日本文化のコアを成すものとなっています。皇室における新嘗祭、大嘗祭はその典型。アフリカの狩猟民族もまた、狩猟することを軸として文化がつくられています。

したがってフィリピンの**産業の在り方が根底から変えられた**ということはつまり、**フィリピン文化が、宗主国の都合が良い方向に歪められてしまった**ことを意味しているのです。

さらに、資本経済化するために導入された徴税システムと貨幣経済システムは、多くのフィリピン人達を「借金漬け」にしていきました。そしてそれを返済させるために、宗主国は、借金を返済する代わりに彼らの土地を接収していきました。そして宗主国はその土地に自国のビジネスのための投資を行い、多くのスペイン人達を入職させました。

こうして、それまでフィリピン人達の国土であった島々の土地が、スペイン人の都合のいいように好き勝手に作り替えられていったのです。

つまり、**宗主国は「資本主義」という道具を使って、フィリピン人達の社会と国土を根底から作り替えていったの**です。

こうしてフィリピン人達は、それまでのそれぞれの島々にあった王国のアイデンティティを急速に喪失していきました。

キリスト教への強制的な改宗による、アイデンティティの喪失

しかし――フィリピン人のアイデンティティ喪失は、こうした「資本主義」の導入によってのみもたらされたのではありません。**彼らは宗教と言語というアイデンティティの根幹を成す二大要素を、宗主国達によって塗り替えられてしまったのです。**

実は、マゼランがフィリピンにやってきた時、国王達、部族長達を大砲や火縄銃などの武器で威嚇しながら、**キリスト教への改宗**を要求していったのです。それまでフィリピンの原住民は土着の宗教を信仰していたのですが、このキリスト教への改宗によって、フィリピンの人々の宗教意識が根底から改革されてしまったわけです。

いわば、スペインは、**植民地化する一番最初の時点で、宗教意識についての大改革を敢行したわけ**です。

フィリピンにおいて円滑に植民地支配が進めることができたのも、この宗教意識の大改革が冒頭で行われていたからに他なりません。

先にも指摘した様に、人間も社会も国家も、アイデンティティがあれば、好むと好まざるとに拘わらず、自動的にそのアイデンティティを持続させる努力が生ずることになります。その結果、植民地の人々が土着の宗教を持っている限り、どれだけ圧倒的に軍事力の格差があったとしても、人々のレジスタンス＝反抗心は萎えることなく、持続することになります。ところが、そのアイデンティティが宗教という精神の一番奥深いところで転換させられてしまえば、そうした**レジスタンスの反抗心は消滅**してしまい、隷属化は円滑に進み、従順に宗主国の言いなりに従い続けることになってしまうわけです。その結果、「フィリピンの土着文化」の消滅はさらに加速し、フィリピンの人々のアイデンティティは根底から失われていくことになったのです。

なお、このキリスト教への改宗は、今日まで持続しており、今日のフィリピン人の9割がキリスト教を信仰しています。そして、植民統治までの間にフィリピンの原住民が信仰していた土着宗教の人々は、統計に現れる程の水準にも満たない程に消滅してしまっています。

つまり宗教の視点から言って、フィリピンの人々は16世紀に植民統治が始まるまでの間に培ってきた伝統を保持している人は居なくなってしまったのであり、宗教的アイデンティティは、植民統治によって完全に喪失されてしまった状況にあるのです。

言語教育を通したアイデンティティの喪失

一方、言語については、もともと多数の島で構成されているフィリピンには、それぞれの島毎に異なる言語があり、現在でも170の異なる言語が残存しています。そんな異なる島々を統治するにあたり、スペインは原住民達にスペイン語を普及させていきました。

これは、スペインがあらゆる植民地で進めていった基本政策でした。今日でも、世界中で最も話されている言語は、十数億人の人口を抱える中国の中国語を除けば、スペイン語なのです。世界で20カ国、人口にして約5億人がスペイン語を話しているのですが、それは、大航海時代にスペインが世界中の国々を植民地として、スペイン語を普及させたからであり、そして、フィリピンもその例外では無かったのです。

こうした言語の普及は、植民地の国のアイデンティティに深刻な影響を与えます。そもそも、統治機構も経済・産業システムも、そして宗教も全て、それぞれの国のアイデンティティの根幹を成す要素ですが、それらの中でも「言語」は最も強力にアイデンティティを形成する要素なのです。言語の体系が人々の振る舞いに深い影響を与え、社会関係を規定し、文化の在り方を規定していくからです。言語は文化そのものと言われる所以です。

こうしてフィリピンのアイデンティティは言語の次元から失われていくことになったのですが、フィリピンの「悲劇」はこれで終わりません。宗主国が19世紀末期にスペインからアメリカに変わってからは、今度はアメリカが徹底的に英語教育を進められていくことになったのです。

この英語教育はスペイン語教育よりもより徹底したものでした。その結果、今日ではスペイン語を話すフィリピン人はおおよそいなくなる一方、英語が公用語となるまでに普及することとなったのでした。そして今や、米国グローバルイングリッシュによるビジネス英語指数ランキングでは、ヨーロッパ諸国を凌ぎフィリピンが世界1位に躍り出るほどに、英語がフィリピンの隅々にまで浸透するに至ったのです。

ただし、フィリピン政府は、1946年にアメリカから独立した後、マニラ周辺で話されていたタガログ語（フィリピン語）を英語と同様に公用語にするという対策を図り、フィリピンのナショナルアイデンティティの保持を企図しています。そして、それぞれの島で話されている現地語も未だに残存しており、多くのフィリピン人が英語とタガログ語と現地の言葉の3カ国語を話すことが可能な状況となっています。

産業や宗教に比べて、言語は一部、フィリピンのアイデンティティを残す格好となっていると言うこともできます。**しかし、世界一の英語力を「誇る」ほどに、土着言語とは異なる異国の言葉を使いこなすフィリピン人は、植民統治前の文化を言語の次元から徹底的に失われてしまったのです。**

世界中で展開された「植民地支配」

以上、フィリピンを例に挙げて、欧米列強がアジア、アフリカ、アメリカの国々を植民地統治していった様子を、すなわち、そうした欧米列強による植民地統治によって、如何にして**夥しい数の国が滅び去ってきた**のかを描写しました。

要するに16世紀から欧州人は、アジア、アフリカ、アメリカの人々をまるでゾウやライオンなどの動物のように扱い、何の哀れみも憐憫も無く、ただただ象牙を取ったり剥製にしたり自分達のためにどうやれば利益を得られるかだけを考え、現地にあったあらゆる**国を崩壊**させ、その国の土地と人々を好き勝手に利用して搾取、収奪、略奪の限りを尽くしていったのです。

そして、その過程の中で、より効果的に搾取していくことのためだけに、経済的、産業的にのみならず、宗教的、挙げ句に言語的に、原住民達の文化と社会を**「改革」**していき、原住民達の**「土地」「労働力」**そして**「需要」**を効率的にかすめ取っていったわけです。

すなわちスペインは、フィリピンに「キリスト教」「スペイン語」を強要した上で「貨幣経済」を導入しフィリピンの地にあった様々な部族や王国、すなわち、ブトゥアン王国、マギンダナオ王国、スールー王国を崩壊させ、彼らを何人でもない、フィリピンに住む**「原住民」**に変質させました。そして、そして彼らをカネ儲けを考える**「労働者」**、欲しい物をカネで買う**「消費者」**に仕立て上げたのです。そして、経済学的に言うなら労働という「供給」、消費という「需要」の双方を奪い取っていったわけです。

ただし、これは、当時世界中で繰り広げられた植民地支配のほんの一例に過ぎません。

スペインはアメリカ大陸のインカ文明、アステカ文明、マヤ文明を征服し植民地化し、彼らの労働力を収奪した上で、金や銀、錫（すず）等の資源を収奪し、巨万の富を得ました。

同じくポルトガルもゴア、マカオ、東ティモール、そしてブラジル等を植民地化し、貴金属類を収奪すると共に、原住民の労働力を収奪し、プランテーション農業での労働を強要し、そこで生産された染料、砂糖などを全て収奪していきました。

こうしたスペイン、ポルトガルの植民地政策に少し遅れる形で、同様の植民地政策を展開していったのが、オランダ、イギリスでした。両国とも17世紀初頭に東インド会社を設立し、インド、そして東南アジアの香辛料を生産させ、搾取するという植民地政策を推進していきました。

こうした16世紀から、おおよそ18世紀、19世紀まで進められたスペインやポルトガル、そしてオランダやイギリスの植民地政策の展開は一般に**「重商主義」**と呼ばれ、主として資源や強制的な労働による農産品を搾取するという形で、植民地を「原料供給地」と見なして利用することが横行しました。

ですが、19世紀頃から**「資本主義」**が欧州で浸透していってからは、イギリス、オランダ、フランス等の列強が自国の経済成長、あるいは不況対策のために、その不況を導いている**需要不足**を埋め合わせるべく、**植民地から「需要」を獲得**し、商品や資本を輸出していく方向へと植民地政策がシフトしていきます。

その皮切りは、イギリスがエジプトを事実上保護国化し、フランスのイタリアからのチュニジア奪取などが進められた19世紀後半であり、これ以降、ヨーロッパ諸列強はこぞってアジア・アフリカに進出し、世界分割競争が世界中で繰り広げられることとなりました。先程紹介したフィリピンも19世紀後半にスペインからアメリカに宗主国が変わったと紹介しましたが、その転換も、そうした欧米列強の植民地を巡る競争の一環だったわけです。

その結果、第一次世界大戦が始まった1914年には（先にも触れたように）ヨーロッパ系白人が地球上の土地の、実に84％を支配するに至ったわけです。ちなみにそのうちイギリス帝国だけで地球の表面の5分の1を占め、4億の帝国臣民をかかえるに至っています。

このように、資本主義列強が、**主として自国の過剰な生産能力の吐き出し口**として世界中の国々を侵略し、それぞれの統治機構を崩壊させて植民地化し、その国の政治・社会・経済体制を好き勝手に「改革」しながら「労働力」「土地」を好き勝手に使いつつ、「資本」「商品」を輸出していくという植民地政策を、列強同士が互いに競争し合いながら進めていったわけですが、こうした欧米列強の対外膨張主義は一般に「帝国主義」と呼ばれています。

この帝国主義は、19世紀初頭から第二次世界大戦が終わる20世紀中盤まで続いたのですが、大戦終結後につくられた**「国際連合」**を中心としたいわゆる**「戦後レジーム」**が構築された時から、あからさまな形で進められることは無くなっていきました。そして、いくつかの「名残」を残しつつも、それぞれの植民地は、一応形上は「独立」していきました。先に述べていたフィリピンも、第二次大戦が終わった翌年に独立したと紹介しましたが、そうした独立は世界中の植民地で一気に進んだのです。

グローバリズムという「新・帝国主義」

しかし、「独立」したからといって、その国の人々が万事ハッピーというわけにはいきません。

そもそも宗主国側が、アジアやアフリカ、南アメリカにおける植民地支配をとりやめていったのは、慈善に満ちた心持ちがあったからでも何でもありません。

上記のように植民地政策は列強同士の「植民地の奪い合い」を生み出したのですが、それが高じて最終的に「世界大戦」を2度も勃発させてしまったのです。いずれも大戦も、「植民地獲得競争を先に始めた国々」らと「植民地獲得競争に後から参加した国々」との戦いだったのです。そして、列強側はこの2度の大戦に大いに疲弊したため、その反省の下、こういう諍いの根源である植民地支配そのものを一旦止めるようにしよう、ということになったに過ぎません。

だから、彼らは、そうした惨たらしい戦争が回避できる限りにおいて、いつでもどこでも、彼らがやろうとしていた帝国主義を開始したいと（明確な政治決定を伴うか否かは別として）考え続けてきていたのでした。

実際、今また、**新しいかたちの「植民地支配」**、すなわち、**「新しい帝国主義」**が、急速に世界を席巻し始めているのです。

それは、政府の後ろ盾を持つ巨大企業達による経済侵略を進める「グローバリズム」です。それは、**新しいタイプの帝国主義、すなわち「新・帝国主義」と呼称すべきものですので、世界中の国々を「グローバリズム植民地」に仕立て上げ、合法的に搾取していくのです。**（※3）

かつての帝国主義の帝国とは、イギリスでありフランスであり、そしてアメリカでした。そしてそれに準ずる地位を占めていたのが、ロシアであり日本でした。

そして、今、世界を席巻しつつある新・帝国主義の帝国とは、アメリカ、そして中国です。

そして、どこが植民地となっているのかと言えば、いずれの帝国主義においても、アフリカ、アジア、そして南アメリカの国々です。ただし、かつての帝国主義の時代にはむしろ宗主国側の位置を占めていたにも拘わらず、今日の新・帝国主義においては搾取

※3　なお、歴史学では、19世紀からの帝国主義を、それまでの重商主義を基調とした植民地支配の流れと区別するために「新帝国主義」と呼称することがありますが、ここでは、そうした慣例的な表現と区別するために、その19世紀からの帝国主義に対する、21世紀型の新しい帝国主義という意味で、「新・帝国主義」と表記致します。

される側の「グローバリズム植民地」となってしまっている国が一つだけあります。

それが、我が国日本です。

つまり、我が国日本は、グローバリズムという新・帝国主義の中で、アメリカ、そして中国という二大超大国の植民地となり、**激しく搾取・収奪され始めているのです。**

それでは、その新・帝国主義とは一体如何なるものなのか、そして、我が国日本は今、その中でいかなるかたちで米中という二大超大国にとっての「植民地」となりつつあるのか——次の章以降で、その点を詳しく論じたいと思います。

第4章　日本は事実上の、アメリカの属国であり植民地である

広大な国土、重要な港湾、空域をアメリカに収奪された

日本は独立国である、と何となく思っている国民は一般的だと思います。

しかし、よくよく考えて見ると、日本の貴重な資産が、アメリカのために接収されてしまっており、**アメリカによる日本の事実上の植民地支配が、かの第二次世界大戦の日本の敗北以後のこの戦後期に固定化されてしまっている**のが実態です。

その象徴はもちろん、**沖縄**です。

大東亜戦争末期の昭和20年の4月、米軍は沖縄に上陸し、次々に日本軍の施設を占領していきます。その中に、今日も米軍が使用し続けている「嘉手納飛行場」や「普天間飛行場」も含まれていますが、それら飛行場はいずれも、米軍が占領した直後に、本土を攻撃するための基地とするために一～二日で修繕されていき、米軍が直接使用しはじめたのです。

つまり、今の沖縄にある米軍基地は、かの大東亜戦争の時に米軍に占領され、戦争が終わったあともそのまま占領され続けている日本固有の「領土」なのです。

そして今の沖縄の県の土地の実に約3割（27・2％、うち8％が米軍が占有）が米軍施設に使われています。

そして8月15日の敗戦後、日本における施政権が全面的に連合国によって奪い取られた後は、日本の帝国陸軍および帝国海軍は全て解体され、それらの軍事基地は全て米軍に引き継がれます。

その結果、今、米軍は広大な日本の国土を使用しています。

その総面積は専用施設と共用施設を合わせて1244㎢。

ちなみに、自衛隊施設の総面積は防衛白書に基づくと1097㎢ですから、米軍が使用している国土面積は、自衛隊のそれを上回っているのです。

しかも、米軍が使用している我が国固有の国土は、面積だけではなく、**「質」においても圧倒的に自衛隊のそれを凌駕しています**。

たとえば、横須賀には今、在日米海軍司令部がおかれている、いわゆる**米軍横須賀基地**があります。この基地は、西太平洋・インド洋を担当海域とする「第七艦隊」の司令部でありかつ旗艦の揚陸指揮艦ブルー・リッジならびに、その主力空母のロナルド・レ

図4　横須賀における米軍と自衛隊の敷地

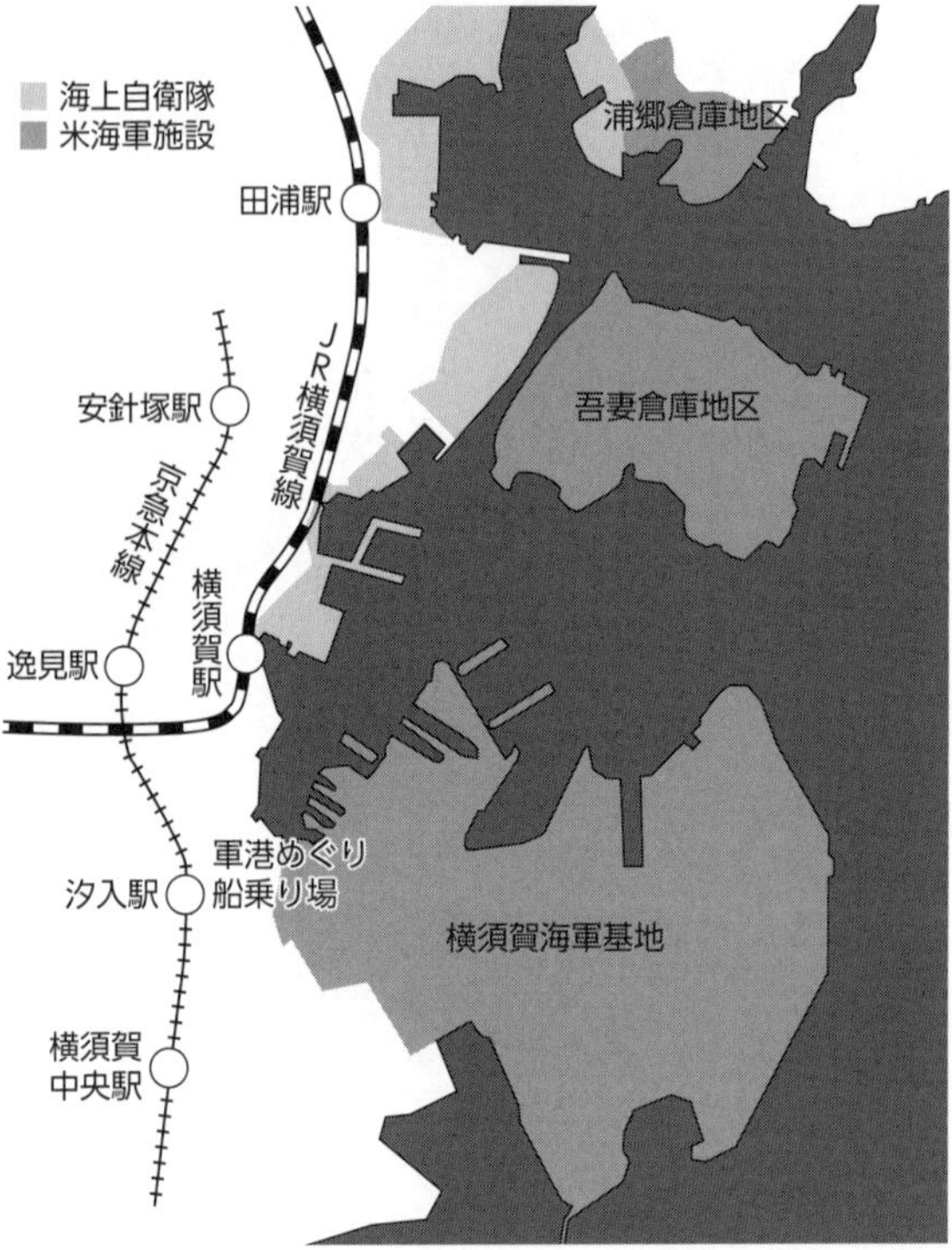

出所：全日本民医連HPを元に作成

ーガンの事実上の母港となっています。

なお、米軍の空母は基本的に全て米国内にその母港を持っているのですが、横須賀だけが唯一の例外です。それほどまでに、米軍、つまりアメリカにとって横須賀が超重要港湾となっていることを意味するものですが、それと同時に、**アメリカは日本の横須賀基地を事実上「自分のものだ」と認識している**ことをあからさまに意味しているとも言えるでしょう。

しかし、この横須賀基地が設置されている横須賀港にはもともと、大日本帝国海軍により横須賀海軍工廠《こうしょう》（すなわち、海軍の工場）があった場所で、日本の連合艦隊を構成する実に多くの軍艦がここで製造されたのでした。いわばこの横須賀港は、太平洋でアメリカ海軍と戦った連合艦隊を産み出した、連合艦隊の故郷であり象徴だったのです。

そんな日本海軍にとって最も大切な拠点であり、連合艦隊の象徴であった横須賀が、日本の敗戦後米軍に明け渡され、今日に至るまで占領され続けているのです。

なお、この日本海軍の象徴である横須賀には、日本海軍の「名残」のような海上自衛隊の基地もあります。しかし、図4に示したように、米海軍に「占領」された横須賀港の中枢部分の周辺エリアの一部を、まるで「間借り」するかのようにして作られているのです。いわば、米軍は横須賀港の**「美味しい所」**を全てとっていって、残った部分を現地の軍隊に使わせてやっている、といわんばかりの状況にあるわけです。

「美味しい所が米軍に取られている」と言えば、横浜港においても同じです。

横浜港と言えば、日本最大の港。軍とは無関係の民間航路のための港という印象ですが、実はこの横浜港において図5に示した最も利便性の高いど真ん中に位置する超一等地を占有しているのが、米軍なのです。

その名も横浜ノースドック。この埠頭は、アメリカ軍の物資や郵便の陸揚げを行うためのものなのです。いうまでもなく、これだけの一等地ですから、この埠頭を活用すれば横浜経済、日本経済に甚大なメリットがあることは確実です。それにも拘わらず、敗戦以後米軍に占領され、その分の経済効果（つまり、その分の国民所得）がアメリカに収奪され続けているわけです。

つまり、横浜港でも（そして先に紹介した横須賀港でも）日本の貴重な港湾**「資産」**がアメリカに**「収奪」**され、日本が搾取され続けている状況にあるわけです。つまりア

図5　横浜ノースドック

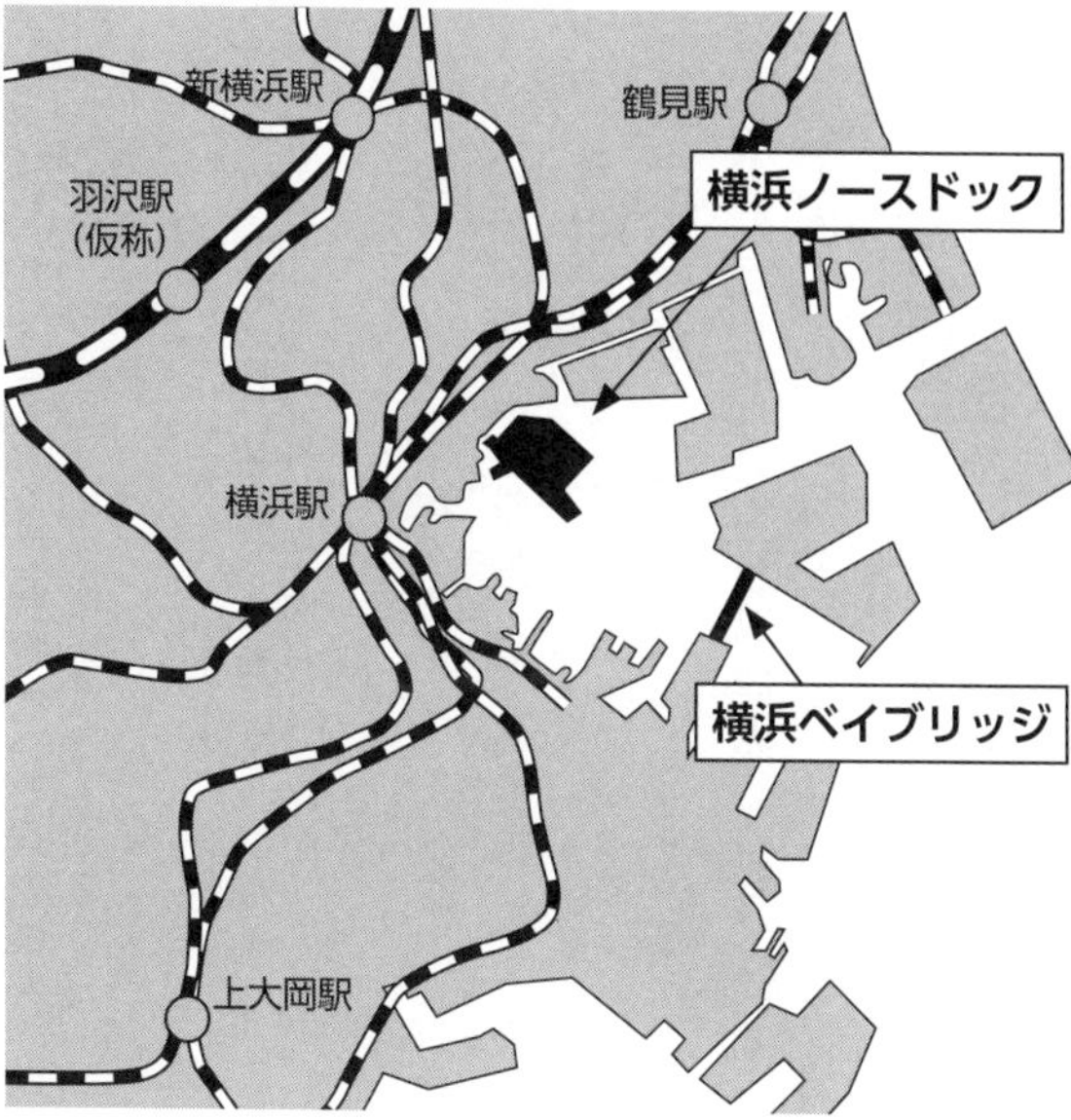

出所：横浜市中期４か年計画 2014-2017 を元に作成

メリカは日本に対して、**資産の収奪という最も典型的かつ古典的な植民地政策を推進し続けているわけ**です。

日本の国内線が迂回する理由

以上は、今日に至るまでのアメリカの「海軍」による日本の「占領」そして「搾取」状況ですが、アメリカの「空軍」もまた同様に日本の国土を占領・搾取し続けています。

いわゆる**横田基地**です。

東京都の西部の多摩地域に位置し、在日アメリカ軍、在日アメリカ空軍、そしてアメリカ第5空軍のそれぞれの**「司令部」**が置かれています。つまりこの基地は、アメリカの日本支配の中心部となっています。

その面積は、沖縄を除くと、日本における米空軍基地としては最大の大きさを誇っています。この基地ももちろん、戦前には大日本帝国陸軍の航空部隊の基地だったのですが、敗戦後、アメリカに接収され、今日に至るまで、その占領状況が続いているわけです。

この横田基地について、日本がアメリカの属国であり、植民地であることをあからさまに象徴する事案が二つあります。

一つが空域問題。

横田基地には、いわゆる**「横田空域」**というものがあり、この空域は、アメリカ空軍の管制下にあり、日本の飛行機と言えど、アメリカ軍の許可無しには飛行できない決まりとなっています。それはいわば、**「米軍が占領・統治する空域」**です。その広さは広大で、図6に示したように東西は東京都の中野区から静岡県中部まで、南北は伊豆半島中部から北は実に新潟県にまでに至ります。それはちょうど、**日本の東西を分断する「高い壁」として、立ちはだかっているのです。**

いわばこの空域は「アメリカのもの」であって、したがって日本の飛行機は、この横田空域を勝手に飛行することは御法度。だから基本的に全て、この空域を避けて航行することとなっています。たとえば、大阪から東京に向かう飛行機は、羽田に着陸する前に横田空域をさけて伊豆半島の南側まで一旦南下してから羽田に向かうという、大変に面倒な迂回路を通ることになっています。

ただ、2019年、オリンピック開催を控えた日本政府はこの空域の一部使用を米政府に打診、交渉の結果、その一部の通過が認められました。認められたと言っても、認められたのは図6に示したように、極々一部分、しかも、数分程度の通過です。しかしそんな僅かな許可で、羽田空港の発着枠が6万回から9万9000回と、実に50%以上の増加となり、また飛行時間も短縮されました。ごく一部の通行を許可するだけでこれだけ劇的な効果があったのですから、このアメリカによる空域の占領が如何に日本側に巨大な不利益をもたらしているかは推して量るべしです。

このこともまた、空域、すなわち「領空」という貴重な日本の資産が、宗主国・アメリカに収奪され、好き勝手に利用され、日本人が大きく搾取されている状況にあることを示しています。

ちなみに、これだけ広大な空域が外国によって「占領」されている国は、余所にはありません。航空行政の専門家の間では、こうした横田空域の米軍統治問題は、常識として知られているものの、こうした「情けない」占領状況があることを知る国民は一部に

図6　横田空域のイメージ

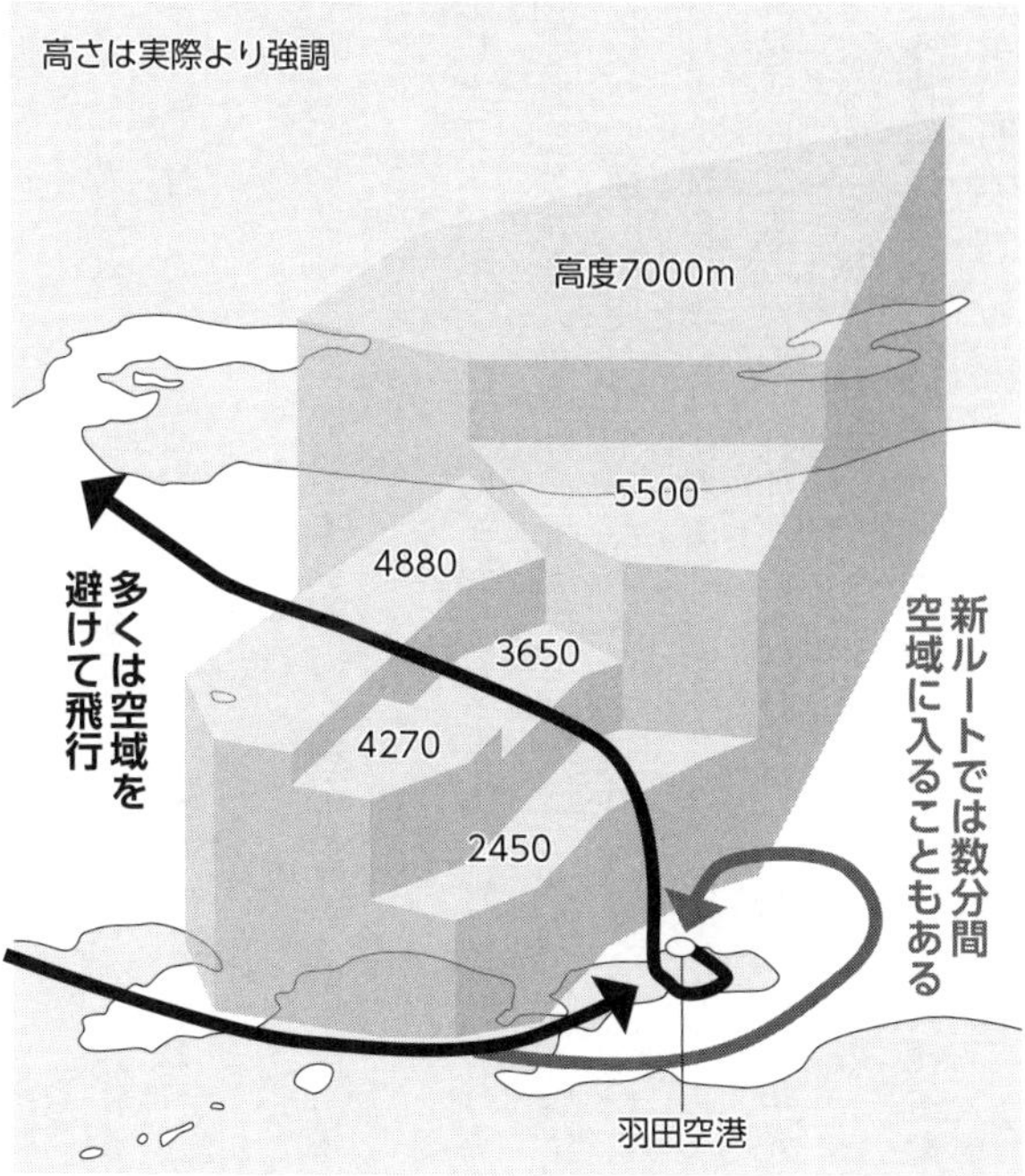

出所：朝日新聞2019年1月30日を元に作成

限られています。これはまさに日本が米国の属国として、つまり空域＝領空という日本の資産が収奪され続ける植民地の位置づけにあることを示す事実といえるでしょう。

さらに、日本の「植民地」的位置づけを象徴付ける事案が、近年、常態化しつつあります。

それは、アメリカ大統領の来日時に、羽田空港でなく横田基地を使用するようになった、ということです。

２０１７年、トランプ大統領が来日する際、戦後のアメリカ大統領としてはじめて、横田基地を使用したのです。そして、２０２２年にバイデン大統領が来日する時も、羽田ではなく横田が使われました。トランプが横田空港に降り立つまでは当然のように、アメリカ大統領の来日には羽田空港が使われていました。これは当然のことで、日本という独立国に入るためには如何に大統領といえど、入国の手続きが必要になるからです。

ところが、横田基地については、アメリカ軍の関係者は入国手続きをとる必要がない、という特例措置があるのです。したがって、トランプ大統領やバイデン大統領は「アメリカ軍の関係者」として日本に入国したわけです。

つまりアメリカは、トランプ大統領の時代までは、大統領来日の折には一応「タテマエ」として、日本を独立国家として扱い、「玄関口」である羽田空港から日本に入国したのですが、**トランプ大統領以降は、その「タテマエ」を捨て去り、大統領は占領統治の中心司令部である横田基地に降り立ち、入国手続きも何もしないで日本国内を跋扈するようになってしまったのです。**

「事実上の占領統治」を実現させている法体系

アメリカはこのようにして、自衛隊よりも広くて良質な国土や空域を、日本人の利用を制限し、その主権を一部侵害する形で軍事利用しているわけですが、これは全て**「合法的」**に行われているものです。

ここでは、そんな**「事実上の占領統治」**を実現させている法体系、ならびにその策定経緯について、説明しておきたいと思います。

まず、日本は、第二次大戦の終結にあたって、北方から**ソ連軍、そして、太平洋側か**

らアメリカ軍による「本土侵略」を仕掛けると共に原子力爆弾を打ち込み続けるぞという脅しに屈する形で、連合国側から提示された**「ポツダム宣言」を受諾**しました。

このポツダム宣言には、日本の完全武装解除を行い、平和的政府を樹立する行うために、連合国が日本を占領すること、しかし、平和的政府が樹立されれば、**占領軍は撤退することが明記**されていました。したがって、しばしばポツダム宣言は「無条件降伏」と言われることがありますが、決してそうではなく、「平和的政府が樹立すれば、占領軍は撤退する」という条件が記載されたものだったのです。

そして、日本はこのポツダム宣言受託後、その宣言にそって占領軍＝GHQによる占領統治を粛々と受け入れます。

このGHQの占領統治が始まった翌年の昭和21年（1946年）、日本はアメリカ側が用意した**「憲法案」**を和訳し、ほぼそのままの形でそれを**「日本国憲法」として公布**します。

そして、この憲法の中の重要項目が**「日本は軍隊を持たない」ということを明記した、憲法9条第二項**でした。日本側はこの憲法9条第二項はポツダム宣言に沿った条項であり、これを認めて平和的政府になるということを宣言すれば、占領統治は終わり、在日外国軍は全て撤退すると認識し、それを是認することにします。

しかし、軍隊がなければ、近隣諸国に侵略されるリスクが常に存在しますから、現実的には、日本を守る軍隊を設置しなければなりません。そうした現実の要請に対応するために、**米軍が日本に駐留し、米軍が日本を防衛するというタテマエの「日米安保条約」**が取り結ばれることになりました。

しかし、**米軍の日本駐留は、ポツダム宣言についての「明確な違反」**です。日本はポツダム宣言に従って、憲法9条を丸呑みして軍隊を完全放棄することまで約束して平和的政府を樹立したわけですから、日本は当然、連合軍の完全撤退を期待していたわけですが、その期待が裏切られることになったのです。

アメリカ側ももちろん、それがポツダム宣言違反の裏切りであることは百も承知です。したがって、その約束違反を「正当化」するための画策を図ります。

まずアメリカは、平和的政府の樹立の確認をもって、6年半の占領統治を経た昭和27年4月28日、日本と各国との**戦争状態の終結と日本の（一応の）「主権回復」**をうたった**サンフランシスコ講和条約**を提携・発効する際に、その約束違反を正当化する「但し書き」を忍ばせます。その「但し書き」とは、条約発効後には連合国の全てを（ポツダム宣言に従って）撤退しなければならないが、二国間の協定に基づいて軍隊を日本に駐留させても構わない、というもの。

そして、その講和条約の発効日とまさに**同じ日**に、在日米軍の駐留を明記した二国間協定である日米安保条約を発効させたのです（なお、署名日もまた、両条約は全く同じ日の昭和26年9月8日です）。

つまり、アメリカは、

①日本をまず占領統治した上で（昭和20年）、
②憲法9条で軍隊を放棄させると同時に（昭和21年）、
③日本が受諾したポツダム宣言を踏まえつつ自国軍が駐留できる形に調整したサンフランシスコ講和条約を日本に締結させ（昭和27年）、
④それに基づいて、在日米軍の駐留を明記した日米安保を締結する（昭和27年）

という法的手続きを取ることを日本に強制したのです。アメリカはこうして、日本を占領統治することを通して、在日米軍の駐留という不条理な約束違反（＝ポツダム宣言違反）を暴力的に「合法」化させたわけです。

なお、日米安保条約には、在日米軍の駐留の具体的な内実は別途定める、と書かれていたのですが、その条項に基づいて、アメリカは日本に「日米地位協定」を取り結ばさせます。

この協定が締結されたのは、日米安保条約に両国が署名し、それが発効する「前」のタイミングである昭和27年2月28日です。この時、日本は未だアメリカの占領統治下にあったので、この締結もまた、紛う事なきアメリカによる強制の産物です。

そして、この日米地位協定が、先の節で紹介した沖縄県の3割の県土や横須賀港、横浜港のそれぞれの一等地や横田空域をはじめとした日本固有の資産のアメリカの利活用の具体的な内容を規定しているのです。とりわけ、米軍がGHQ統治時代に占領していた日本の領土・領海・領空の継続使用も、同協定の名の下、正当化されています。

ただし、日米地位協定で規定されているのは、領土領海領空を米軍が利用できる権利だけではありません。

そうした米軍の駐留において、日本は財政的な側面を含めて様々に協力すべきことも明記されています。その象徴がいわゆる「思いやり予算」と呼ばれるものであり、本来ならば法的に日本が負担しなくても構わない経費についても「思いやり」というフレーズを用いながら日本側が負担するという事態も常態化しています。

現在の予算総額はおおよそ2000億円強。

ただし今日では、思いやり予算という名称が不適切だとして、国内では、「同盟強靭化予算」と呼称されるようになりましたが、法的には本来負担する必要のない予算を日本側が負担しているという実態に変わりはありません。

また、この協定の運用において日本国内でいつも大きな問題となるのが「治外法権」の問題です。すなわち、米軍関係者が日本国内で犯罪を犯しても、日本政府はその犯罪者を日本の法体系で裁くことができない、という問題です。この問題は沖縄で頻繁に起こっている問題です。

治外法権といえば、江戸末期に欧米列強に強制された屈辱的な「不平等条約」。

日本の明治政府はこの不平等条約を撤廃するために、鉄道や港湾といったインフラ整

図7　日米合同委員会

	日本側	アメリカ側
代表	外務省北米局長	在日米軍司令部副司令官
代表代理	法務省大臣官房長 農林水産省経営局長 防衛省地方協力局長 外務省北米参事官 財務省大臣官房審議官	駐日アメリカ合衆国大使館公使 在日米軍司令部第五部長 在日米陸軍司令部参謀長 在日米空軍司令部副司令官 在日米海兵隊基地司令部参謀長
備考	この委員会の下に10省庁の代表から構成される25委員会を設置	

備をベースとした殖産興業からの富国強兵を成し遂げ、日清戦争、日露戦争を戦い抜き、勝利するという遠大な苦労を重ね、針の穴を通す様にしてようやく西洋列強に撤廃させることに成功したものです。

その不平等条約が再び、大東亜戦争の敗北の帰結としてアメリカに強制されることになったのです。

しかし……誠に遺憾な事に、明治の日本人はこの不平等条約の撤廃に上述のような遠大な努力を重ねたのですが、昭和、平成、そして今日の令和に至る戦後日本人は、そうした努力を重ねる機運をほぼほぼ失ってしまっています。

その結果、治外法権は、一部緩和された部分もありますが、その運用は抜本的には改善していない状況のまま、今日もなお継続しています。

ではなぜ、今もなお、「治外法権」が我が国日本に残っているのかと言えば、それは偏に、日米地位協定の具体的運営方針の議論における主導権は日本ではなく、終始米国であることが根本的原因です。

そもそもこの日米地位協定の運用、すなわち、在日についての軍に関する様々な調整は、月2回開催される**日米合同委員会**で協議することになっています。

この委員会の構成員は、図7に示した様に、在日米軍と大使館のトップ数名と、日本政府（外務省・法務省・農水省・防衛省・財務省）のトップクラス数名で構成されているもので、最低でも65年以上、1600回は開催されていると言われています。（※4）

この会議の内容は非公開ですので、我々一般国民がこの会議の雰囲気や様子を正式に把握する術はないのですが、本章冒頭で見たような「米軍による実質的な領土、領海、領空の事実上の占領統治」（そしてそれによる大幅な国益の毀損）が今もなお継続している現実を踏まえれば、対等な議論、日本側が日本側の「主権」を主張できる状況にはないであろうことは、火を見るよりも明らかです。

つまり、この日米合同委員会は、**主としてアメリカが要望を日本側が申し入れ、日本側に圧力をかけ続ける場となっているのです。**

いわばこの日米合同協議は、アメリカの実態的な日本植民地化政策の象徴的存在になっているのです。

アメリカはこのようにして、自衛隊よりも広くて良質な国土や空域を、日本人の利用を制限し、その主権を一部侵害する形で軍事利用しているわけですが、これは全て「合法的」に行ってきたのです。

しかし——もしも、アメリカの日本における軍隊駐留が、純粋に日本を守るためのものであるとするなら、こうした資産が搾取される事態も、「守ってもらうのだから仕方ない」という風に、納得し、自らにそう言い聞かせることもできるかもしれません。

確かに、「タテマエ」はそうなっています。

※4 矢部 宏治著『知ってはいけない 隠された日本支配の構造』（講談社現代新書）2017.7

だから日本人はその「タテマエ」を信ずる格好で、憲法9条のせいで自分で自分を守れない私達をアメリカに守ってもらうために日本の領土・領空という貴重な資産を自由に使わせ、思いやり予算を支払い、治外法権の屈辱にも甘んじているのです。

ところが――誠に遺憾ながらそのタテマエは単なる**「嘘話」**に過ぎないのです。つまり米軍は、例えば中国によって尖閣を占領する事態が生じたとしても、尖閣を守るために出撃することはまずもって考えられない状況にあるのです。

だとしたら、アメリカは日本を守ってやるという嘘をつきながら、「自分の国益」のために日本の資産をほしいままにしているわけです。つまりアメリカは、（後に述べる）法的な瑕疵ある（日米安保条約という）法的システムを作りあげ、合法的だという体裁を取り繕い、日本を欺しながら、好き勝手に日本から欲しい物を欲しいだけ搾取しているという**純然たる植民地政策を行っている**ということになります。

なぜそう断定的に言うことができるのか――以下、その根拠を説明することとしましょう。

「米軍による日本防衛は義務」は誤り

まず、安保条約は一度改定されていますが、その基本的な概要は、日本に対する外国からの攻撃があった場合、**日米が共同して日本防衛の任務に当たる（第五条）という旨、そして、そうした日本防衛のため、ならびに極東全体の安全保障のために日本国内に米軍を駐留させる**（第六条）という旨が記載されたものです。

ですが、米軍による日本防衛は、「米軍の義務」だというタテマエになっているのですが、その法的解釈は完全な「誤り」なのです。

なぜなら、そうした日本防衛のための軍事作戦を米国が行う場合、**米国の憲法上の規定および手続きを経る必要がある、という旨が明記されているからです。**

この点が実は、たとえばNATOにおける同様の規定と抜本的に異なっているのです。NATOの規定には、この憲法上の規定および手続きを経る旨が一切書かれておらず、したがって、NATO加盟国が攻撃されれば、憲法的手続きを経ずに**自動的に反撃可能**なのです。したがって、NATO加盟国が攻撃を受けたとき、その中心国家であるアメリカが反撃をすることは「義務」なのだと表現することができます。

ところが、日米安保条約の場合は、そうした自動性は全く保証されておらず、仮に日本が中国に攻撃されても、米国は憲法上の手続き（大統領判断や議会手続き　など）の中で、反撃しないという判断が下れば、反撃しなくてもいいということになっているのです。というか、その議会での審議なり大統領判断が終わるまで、米軍は事実上「反撃できない」状況に置かれるのです。

これでは、米軍に日本を守る義務があるとは到底言えないのです。

つまり、ＮＡＴＯにおいて米軍は欧州各国に対して「お前達が攻められたら自動的に守ってやるから」と言っている一方で、日米安保条約において米軍は日本に対して**「お前達が攻められたら、その時おれが守ろうと思えば、守ってやるよ」**と言っているわけです。

誠に残念ながら、これこそが、条文を虚心坦懐、普通に解釈した際に誰もが辿り着く日米安保条約の法的構造の実態なのです。

尖閣有事でも米軍は日本を防衛しない

もちろん、そんな日米安保条約でも、日本の有事の際に、アメリカが日本を守るための軍事オペレーションを採用する「かも」しれません。したがって、中国としても、おいそれと日本に手を出すことは容易ではないでしょう。

しかし、そうやって有事の際に「アメリカが日本を守ってくれる」可能性は必ずしも高くはないのは事実です。

ましてや、この度のロシア・ウクライナ戦争で、アメリカはこれまで散々ロシアを批判し、ウクライナを支援してきたにも拘わらず、ロシアが戦争を始めた途端、バイデン大統領はアメリカ軍をウクライナに派遣することは無いと、公言してしまったのです。

なぜそう宣言してしまったのかと言えば、もちろん、ロシアが核兵器を持っているからです。もしもアメリカがロシアとの戦いに参戦してしまえば、アメリカ本土がロシアによって核攻撃をされてしまう可能性が生ずることになります。バイデン大統領としては、そういうリスクは完璧に「ゼロ」にしておきたいのです。だから、バイデンが対ロシア戦争に直接介入しないのは、偏にロシアが核を持っているからなのです。

それが証拠に、イラクがクウェートに侵攻した時には、イラクが核兵器を持っていないが故に、躊躇無く参戦しています。

そして今、我々日本が軍事的に攻撃されるリスクが最も高い国は、あの核武装軍事大国の中国です。だから、アメリカが尖閣有事のような事態において日本を防衛するために出撃する可能性は、限りなくゼロに近いと考えざるを得ないでしょう。

令和4年の台湾危機で米軍の弱腰が決定的に

事実、令和4年の8月の台湾危機における米軍の振る舞いから、尖閣有事の際に、米軍が日本を守る為に出撃するとは考えがたい、という実態が改めて浮き彫りになってしまいました。

ここではその顛末を詳しく紹介することとしましょう。

令和4年の8月、アメリカのペロシ下院議長が国内における様々な反対を振り切って台湾訪問を強行しました。

これに対して、中国は凄まじく反発。

その結果、大量の中国海軍がこれまで半世紀以上にわたってギリギリのバランスが保たれてきた台湾海峡における「中間線」をあっさりと乗り越え、台湾を6方向から包囲する布陣を引いた上での、実弾を使った軍事訓練を開始しました。

台湾政府はこれを、台湾上陸作戦の軍事演習であると断定し、中国政府を批難、いつ何時台湾侵攻が始まっても即座に対応できるような臨戦態勢を整えるに至ります。

一方で米軍も、この中国の中間線をまたぐ軍事オペレーションを、米国が批難し続けてきた「力による現状変更」に繋がる軍事行動であるとして徹底批難します。そして、空母ロナルドレーガンを中心とした攻撃群を、「万一のケース」に備えて台湾西部に配置するに至ります。

そして迅速な「有事対応」を可能とするために（そして、今後の軍事戦略上有用となる情報を収集するために）、中国軍の動きをつぶさに監視する体制に入ります。

こうして米国と中国との間の勢力均衡点（線）は、半世紀以上も台湾海峡であったにも拘わらず、中国の強硬な軍事戦略によって破られてしまい、台湾海峡よりも東側に、台湾周辺海域まで勢力均衡点（線）が移動するリスクが生じてしまったわけです。

これはまさに、アメリカ側が懸念する「力による現状変更の試み」に他なりません。したがって、米軍は今こそ、この中国による「力による現状変更の試み」を阻止する実力行使が求められたのです。

しかし、米軍はそうした実力行使を行わなかったのです。

四半世紀前、今回と類似した中国の台湾に対する軍事的威圧行為がありました。一般に「台湾海峡ミサイル危機」と呼ばれるもので、台湾で中国からの独立を主張する李登輝氏の優勢の観測が流れたとき、中国の人民解放軍が選挙への恫喝として、ミサイルの実弾を実際に発射する軍事演習を強行したのです。この時、当時の米軍は、「台湾海峡」を横切り、中国を威圧し、中国軍が中台中間線を跨いだ軍事的行為を抑止することに成功しました。

ただしこの顛末は、中国にしてみれば誠にもって「苦い経験」となったのであり、その後中国は、軍の近代化を加速してきたのです。

そして、今、また同じような状況が、ペロシ下院議長の訪台によって生まれたのです。

しかし、軍の近代化を四半世紀続けてきた中国軍は、かつてよりも圧倒的に自信を深めていたのです。だからこそ、四半世紀前には到底できなかった「中間線を渡って6方向から台湾を包囲する」という軍事作戦を敢行したのです。

そしてこの時米国は実際に、中国の中間線を渡る軍事作戦を阻止するためにロナルドレーガン空母攻撃群が台湾海峡を横切るという、かつて行った中国を「威圧」するというオペレーションを実施することができなかったのです。すなわち、米国は中国の「暴挙」を阻止する軍事オペレーションが、かつてのようにできなくなっていることを、白日の下に晒してしまったわけです。

これはもちろん、四半世紀前と今日とでは、中国の軍事力は雲泥の差があり、米中の間にあった台湾海峡を巡る軍事力格差が、かつては圧倒的なものであったものの、今日ではほぼ無くなりつつある、ということを反映してのもの。つまり、台湾海峡における米中のパワーバランスが大きく変化していることが、今回米軍が台湾海峡を横切らなかったという事実によって、「確定」してしまったわけです。

これは、大変に大きな意味を持ちます。

台湾海峡における米中のパワーバランスがこの四半世紀で大きく変わっている事等、誰もが認識している真実。

しかし、実際に、今回の様な米国側の日和った振る舞いがなければ、パワーバランスの格差の縮小が国際社会において「確定」はしないのです。その結果、米国は、実際以上に格差があるかのようなパワーバランスを外交的に保持し続けることが一定程度可能だったのです。

したがって今回の事案は、「やっぱ、アメリカは、中国に対しては弱腰なんだなぁ」という基本認識を国際社会に決定付けることになり、それを通して米軍側に大きな打撃を与えることになったのです（だからこそ、米軍や大統領筋は、ペロシ氏の訪台を何とか止めさせようとしたわけです）。

しかし――米軍の弱腰は、ただ単に台湾海峡を通らなかったというだけでは終わりません。今回、ロナルドレーガン空母攻撃軍は、中国に対してもの凄く「遠慮」して、台湾海峡どころか南シナ海を北上航行することすら避け、（フィリピンのサンベルナルデイノ海峡を通過するという）途轍もない迂回航路を通ったのです。

これまでアメリカは、すでに述べたように台湾海峡を横切ることまでやっていたわけですから、中国がどれだけ嫌がろうとも、そんなことは意に介さず、「航行の自由」と称して、南シナ海をガンガン横切ってきました（中国は、南シナ海は我が国の領海だと勝手に主張しているのですが、そんな主張は国際社会は一切認めない、ということで、米海軍は「航行の自由」を行使して、南シナ海を航行してきたのです）。

それどころか、何とペロシ議長が飛行機で台湾にやってきた時にも、中国側に配慮して南シナ海を通らない空路を通ったのです。

つまり、米国は南シナ海の「航行の自由」を事実上放棄してしまったわけです。

これはすなわち、米国は南シナ海が中国の領海であるという中国の一方的主張を一部認めたことを意味します。

もちろん、米軍は状況が安定化すれば航行の自由作戦を継続するでしょうが、今回の事案を通して、米中間のパワーバランスが、中国が優勢化し米国が劣勢化する方向で変化したことは否めないでしょう。

第一に、米国がかつては絶対に許さなかった、大規模な中国軍の「中間線」を突破する行為を許してしまった。

第二に、米国がかつては絶対に許さなかった、台湾包囲演習を許してしまった。

第三に、米国が上の第一、第二の中国軍のオペレーションを抑止するために、中国軍の軍事展開が見られたときに、台湾海峡を横切るという米軍オペレーションができなくなった。

第四に、米国がこれまで断固として主張してきた南シナ海の航行の自由を、中国軍の威圧に屈する形で放棄してしまった。

第五に、以上の第一から第四の現実を、中国、米国、台湾、そして、世界各国に知らしめることになった。

これら五つはいずれも、中国軍による尖閣有事、台湾有事が勃発した時に、米軍が出動する可能性が、かつてとは比べものにならないくらいに低くなってしまったことを意味しています。第一から第四の帰結はいずれも、アメリカの弱腰を直接証明してしまっていますし、第五の帰結は、そういう弱腰が既成事実化してしまうことを意味しているからです。

せめて米国に対する「期待」が強ければ、それが米軍出動の動機の一つを形成することになるわけですが、それすら無ければ、米軍が出動する契機そのものが失われたことを意味するからです。実際、台湾において、中国が攻めてきたときに米軍が出動すると信ずる人は、昨年（２０２１年）10月の時点では65％でしたが、ペロシ議長訪台後の中国の軍事演習後には44％にまで下落しています（この下落には、もちろん、ウクライナにおける米軍の「弱腰」姿勢も影響しています）。

ちなみに、台湾有事の際に米軍が介入する法的根拠は、アメリカの国内法である「台湾関係法」なのですが、ここにおける米軍の台湾有事への介入は「義務」ではなく「オプション」であると明記されています。この記述は、「一応」は軍事介入が明記されている日米安保条約よりもさらに弱い記述ですから、台湾の人々が米軍に期待しなくなるのも必然だと言うことができるでしょう。

いずれにしても、今回の「台湾危機」によって、米軍の弱腰が白日の下にさらされ、関係諸国が米軍の台湾有事の際の介入を信じなくなった、という帰結は、米国にしてみればいずれも巨大な損失です。

言うまでもありませんが、なぜこうなったのかといえば、それは偏に、**米国が中国のことを本気で「ビビり始めた」からに他なりません**。米国がビビらなければ、ここまで大きなパワーバランス損失を、中国側に供与することなどあり得なかったのです。

もちろん、こういう状況は中国にしてみれば大変に望ましい状況です。なぜならこれら五つが全て、重大な**「既得権」**となったからです。中国はこれから、この五つの既得権を前提に、次のオペレーションを仕掛け続けることが可能となったわけです。

これから、中国軍は中間線を跨いだ軍事オペレーションを行うことを**常態化**させていくことは間違いありません。

それはちょうど、尖閣諸島周辺に中国公船が全く現れていなかった状況から、一度現れるようになれば、時計の針は逆戻りすることなく、どんどんどんどん公船数を増やしていき、今や、日本と同程度、あるいは勝るとも劣らぬ尖閣周辺の実効支配を獲得するに至っているのと同様です。

あるいは、台湾問題については米国は側で指をくわえて見ているということを前提として、**中国が台湾周辺海域で実弾を用いた侵略訓練を繰り返すことが可能となったとも考えられます。**

さらには、南シナ海の米軍の航行の自由作戦を、時に実力行使もちらつかせながらさらに強く批難・反発していくことが可能となったとも言えるでしょう。

これは、台湾、そして日本にとって最悪の展開です。

これから経済成長率で米国を上回る中国は、台湾海峡における米中軍事バランスをどんどん縮小させていくことは確実です。したがって、そのバランスを**逆転**させることもまた、必然的未来と考えざるを得ません（もちろん中国一国にトンデモない経済クラッシュ等の不測事態が起これば別ですが、そんなことが起こるとは当然限りません）。

今日のように中国軍の方が米国より劣勢である筈の状況下でもこれだけ多くの既得権を中国は取得できたわけですから、実際に米中の軍事バランスの逆転が鮮明となった時、**中国が台湾・尖閣を侵略しない積極的理由は大きく失われる**ことになるのです（※5）。

※5もちろん、台湾海峡を大量の中国軍が渡ることは軍事作戦的に困難な側面はあるのですが、それでも、台湾・尖閣侵略の確率が飛躍的に拡大することは間違いありません

そう考えると、今回のペロシ氏の訪中は「寝た子を起こす」かのような「やぶ蛇」そのものの振る舞いであった、という実態が見えてきます。いよいよ100年以上の時を経て、かつて「眠れぬ獅子」と言われながらも眠り続けた中国が今まさに、本気で目を覚まそうとしているのです。

ましてや今は、米国はウクライナ支援でロシアと間接的に戦闘状態にあるわけで、かつ、その戦闘は、一朝一夕には終わるとは考えられません。そんな状況下で余裕を失った米国が、もう一つの軍事大国である中国と事を構えるとはますます信じがたい状況なのです。

いずれにせよ、一旦動き出した歴史は元に戻りません。

したがって、あらゆる状況を勘案し、それらひとつひとつを吟味すればする程に、これからますます台湾海峡において中国の侵略が開始されるリスクが高まっていく一方となることは、ほとんど避けることのできない確実な未来のように思えてくるのです。そしてその有事の時に、今台湾人が急速に現実的に認識し始めた様に、米軍は決して動かないであろうこともまた同じく、避けることのできない確実な未来のように思えてくるのです。

在日米軍は純然たるアメリカの国益のために存在する

以上、少々紙幅を割いて、日本が侵略される有事の際に、その侵略者が強大な軍事力を誇る中国（あるいはロシア）であった場合、米軍は日本を助ける軍事出動はしないであろうというリアルな見通しについて解説いたしました。

それはつまり、「日本国家に甚大な経済的損害を与え続けている在日米軍という存在は、日本を守ってもらうためには仕方が無いんですよ」というタテマエは、**内実を伴わない単なる嘘話であることを示しています**。

だとすれば、アメリカは一体何の為に、在日米軍を沖縄や横須賀や横田などにおいているのでしょうか?

その答えはやはり、日米安保条約の中にあります。

第六条が一体どういう条文だったか、改めて思い起こしてみましょう。

それは、日本防衛のため、ならびに**極東全体の安全保障**のために日本国内に米軍を駐留させる、という主旨の条文でした。

日本防衛、というのが嘘話であったとすれば、残る記述は「極東全体の安全保障」です。この極東全体の安全保障とはすなわち、ロシア、北朝鮮、中国といったアメリカにとっての敵性国家についての安全保障問題です。

これはつまり、先に述べた中国が台湾を侵攻するという事態以外にも、北朝鮮が韓国に侵攻する事態、ロシアが北海道に侵攻する事態といった安全保障問題を意味するものではありますが、それだけでなく、ロシア、北朝鮮、中国といった国々がアメリカ領であるグアムやハワイ、あるいはアメリカ本土に**核攻撃を仕掛ける**という事態も含まれます。これらはいずれも、日本の直接の国益とは無関係に、**アメリカの国益に直接的に拘わる、アメリカにとっての重大かつ深刻な事態です**。したがって、アメリカはアメリカの純然たる国益、すなわち自国防衛のために、アメリカに対して潜在的に敵対するロシア、北朝鮮、中国を抑え込むための軍事拠点が、この極東の土地に是が非でも欲しかったのです。

とりわけ、アメリカのＧＨＱ統治時代（昭和25年）に勃発した朝鮮戦争を通して、そうした「共産主義国家」達が、日本との戦争の次に戦わねばならない戦いにおける「敵」であることが明らかになったのです。だからこそ**アメリカは当時、来たるべき中露朝との「戦争」において勝利すべく、日本列島を軍事拠点として自由自在に活用したいと強く考えた**わけです。

これこそ、**日米安保条約が作り上げられた根本的な原因なのです**（なお、もう一つの安保条約の狙いは、日本が二度とアメリカに牙を剥かないようにするために、日本に軍隊を放棄させ続けるため、というものですが、それはこれまで先に指摘した通りです）。

ただし一応は、ＧＨＱには「独立させなければならない」というタテマエがありましたから、あからさまにアメリカの極東戦略のためだけに好き勝手に基地を作る、という様な条約を取り結ぶことはできなかったのです。だから、「日本を守る」というタテマエを記載の上、真の目的であるアメリカの極東戦略の推進という目的が書かれたのです。なお、たとえば外務省のＨＰには、安保条約に極東地域の安全保障問題が目的だと書かれているのは、それが日本の安全保障問題のために重要だからです、という「言い訳」

が書かれていますが、言うまでもなくそれは、「真実」を隠蔽するための方便に過ぎないのです。

すなわち、アメリカは、日米安保条約や日米地位協定、さらには憲法第９条といった法システムを構築し、それを日本に強要しておくことで、**「合法的」に日本の領土、領空を自国のために好き勝手に「植民地支配」することができる法的環境を作り上げた**わけです。

大航海時代から第二次大戦が終わるまでの間に続けられてきた、ただ単に大砲をちらつかせるだけで暴力的に遂行してきた植民地支配を、アメリカは憲法まででっち上げながら「スマート」に推進する体制を我が国日本において構築することに成功したのです。

誠に悔しいという言葉では言い表せぬ程に悔しい話しではありますが、敵ながらあっぱれとすら言いたくなる程に、アメリカの当時の戦略は大成功を収めていると言わざるを得ないのが、我が国日本の、現状なのです。

すなわち**我が国日本は事実上のアメリカの属国であり植民地なのです。**

第5章 中国は日本のもう一つの「宗主国」になりつつある

中国人に買収され、大規模開発が進められるニセコ

アメリカによる日本の国土の「占領」は、ある意味、典型的な植民地支配のプロセスで成し遂げられたものだと言えるでしょう。すなわち、アメリカが言うところの「太平洋戦争」に勝利した事の戦利品として、アメリカが使いたい土地という資産を、アメリカの国益のために収奪し、活用しているからです。ただ、その支配を完遂するにあたって、日本が法治国家であることを活用し、日本を植民地化するための法システムを憲法を中心として構築した、という点に、一つの新規性があるに過ぎません。

ただし、今、日本ではこうした太平洋戦争を通した占領とは全く異なる、**「資本主義」「グローバリズム」**というメカニズムを通して、アメリカとは異なる別国の事実上の植民地、すなわち**「グローバリズム植民地」**になりつつあります。

その象徴が、北海道のニセコです。

その地は今、日本人のための日本人の土地、ではなくなりつつあるのです。

ニセコは、世界有数の上質の雪がある一級のスキー場として知られており、海外資本

による投資で15年ほど前から急激な開発が進められています。

このエリアは、（少なくともコロナ前の頃は）外国人観光客ばかりで、接客業の方々も「まずは英語で話しかける」のが常態となっています。今でこそコロナの影響で外国人観光客は限られているものの、「インバウンド」と呼ばれる外国人観光客が増えてくれば間違いなく、かつてのように日本人よりも外国人観光客が席巻する土地になることは確実です。

そうした期待を背景に、ニセコの土地が今、不動産物件が文字通り「飛ぶように」売れているのです。その価格は一見、数千万円から、10億円以上。しかもこうした価格はここ数年で、コロナ禍であるにも拘わらず一気に何倍にも高騰してきていると言います。

そして、その不動産業者、あるいはその不動産を開発した業者の多くが、日本企業でなく海外企業となっています。つまり、今、外国人がニセコの土地を買収し、そこを外国人の手で開発し、その開発してつくられた不動産を外国人に販売する、ということが行われているのです。今、**ニセコの地は、外国人による外国人のための開発**が行われ、日本人をほぼ介在させずに**外国人がビジネスを展開し、お金儲けをし、そのオカネを本**

国に送金する、という流れができあがってきているのです。

その結果、今や、ニセコエリアの倶知安町では町内の不動産所有者のおよそ4分の1が海外資本、つまり外国人のものとなっていると言います。

そんな外資の中で、最大のシェアを誇るのが中国系資本。その割合は実に約4割に達しています。つまり、ニセコの倶知安町の不動産の（4分の1の4割にあたる）約1割が、中国系の人々の手に渡っているという次第です。

ただし、この割合は、「購入者の国籍が中国系」である割合に過ぎず、これ以外にも、**表手向きにはインドネシアやシンガポールの法人だが「実際」には中国資本だという法人が多く存在します**。そしてもちろん、表向きは日本法人だが実際には中国資本だという法人も多くあります。だから実際の資本関係を精査すれば、2割や3割、あるいは、それ以上が実際は中国資本によって買収されている可能性も考えられる程に今、中国人達の手に渡っているのです。

そもそも、先に指摘したように上質なパウダースノーを誇る世界有数の質の高い観光地である上に、中国から飛行機で数時間で来られるという地理的な要因が加わり、中国資本にとって北海道は極めて魅力的なエリアとなっているのです。

だから今、中国人達の投資意欲は、ニセコの物件だけでは足りず、富良野にまで拡大し、今や富良野の物件が同じく飛ぶように売れているといいます。

たとえば、香港の不動産開発会社が設立したコンドミニアム（いわゆる分譲マンション）「フェニックス富良野」は、一部屋2億円もする物件だったのですが、その全てがスグに完売したといいます。

そしてもちろんそんな「チャイナマネー」は、ニセコ、富良野に飽き足らず、北海道全域にその投資意欲が拡大中です。

ではなぜ、ニセコや富良野が外国人達にそれほどまでに人気なのかと言えば、上述のように魅力的であるということが重要な理由なのですが、それだけでなく、ニセコは世界のリゾート地と比較すると「割安」だということがもっとも本質的な理由となっています。例えばニセコが「裕福な日本人達」によって様々に投資され、外国人達には手が出せないほどに高額な土地であれば、外国人の投資家達の投資はこれほどまでに過熱しなかったことは明白です。

現在のニセコエリアの不動産取引の価格相場は1平方メートルあたり約100万円。「今」の我々日本人の感覚からすればそれだけでも十分高いように思えますが、世界の名だたるフランスやアメリカなどのスキーリゾートと比較するとその価格は、おおよそ3分の1程度だと言います。

つまり今や、日本と世界、とりわけ、日本と中国との間には埋めがたい「貧富の格差」があり、我々日本人の土地が彼等のビジネスのために好き勝手に買い叩かれているのです。

外国人高級リゾートホテル投資

そんな外国人のための外国人によるニセコへの投資の象徴が、「パークハイアット ニセコHANAZONO」というラグジュアリーホテルです。

このホテルは、アメリカ合衆国のホテル・モーテル協会が「ラグジュアリー（最高級）ホテル」に分類する文字通りの超高級ホテルであり、ハイシーズンには一泊20万円以上の価格がついています。このホテルには「パーク ハイアット レジデンス」というリゾートマンションが併設されており、「別荘」として利用することも可能となっています。

宿泊客はもちろん世界中の富裕者達。したがって必然的に大半が外国人。スキーシーズンには毎年満室となります（試しに、令和4年8月現在で1月・2月の様子を確認すべく予約サイトをみたところ、週末は全て満室、平日もほぼ空いている日が無い状況のようでした）。

その証拠に、ホテルマンの「公用語」は、日本国内のホテルであるにも拘わらず日本語でなく英語。ネットの書き込みを見れば、ホテルマン達に日本語で話しかけても全く話せないことが多く、多くの日本人客が大いに不満を持っている様子がありありと見て取れます。

そして、このホテルおよびリゾートマンションを作ったのが、世界中の不動産開発を手がけている香港の会社です（パシフィック・センチュリー・プレミアム・ディベロップメンツ）。

つまり、このラグジュアリーホテルは、場所こそ日本国内にあるものの、開発者も、経営者も、ホテルマン達も、そして客達も全て「外国人」であり、日本人が訪れてもそこはまるで外国の高級ホテルに宿泊するかのような状況にあるわけです。

しかし、彼らが楽しんでいるのは、純然たる日本の自然であるニセコの山であり雪なのです。

ちなみに、ニセコのスキー場は、いくつかのゲレンデがあり、日本人もかねてからこのニセコのスキーを楽しんできていたのですが、このパークハイアットの開発に合わせて、新たなゲレンデが開発され、日本人がスキーを楽しむ日本人エリアと、富裕外国人がスキーを楽しむ富裕外国人エリアとがはっきりと区別される状況にあるのです。

つまり彼らは、札束で日本人の顔をはたくようにしながら、日本人を押しのけ、ニセコの地を好き勝手に開発し、ニセコの山と雪を欲しいままに楽しみ、そしてカネ儲けをしているわけです。労働者の一部は日本人ではありますが、富裕外国人が使う支出の内、日本サイドに流れるのはごく一部で、その大半がそれを運営する外国企業に流れる仕組みができあがっているのです。

岸田氏がイギリスの金融界の人々を対象とした講演会で、「インベスト・イン・岸田」

（私に投資して下さい）などと発言していますが、**何の規制も成しにこのパークハイアットのような投資が続けられるようでは、どれだけ外国人投資が進もうと日本に何のメリットもないどころか、土地が外国人達に収奪されるだけに終わる話になってしまうのです。**

ニセコはもはや「グローバリズム植民地」状況にある

以上のニセコを巡る話は、拙著**『日本を喰う中国』**（小社刊）の中でも一部紹介したものですが、これこそ、グローバリズムという21世紀における**「新・帝国主義」**と言うべき時代の流れの中で、日本が**新しいタイプの植民地である「グローバリズム植民地」**になりつつあることの具体的事例の一つなのです。

こうしたニセコと似たような状況は、もちろんニセコだけではなく、日本中の様々な観光地で俄に進められています。

たとえば、宿泊施設の売買を仲介するホテル旅館経営研究所の辻右資所長は

「コロナ禍で外国人から問い合わせが増加していますが、多くは中国人からのものです。今年1月は前年の2倍以上の260件ほど、5月も200件以上の問い合わせがきています。問い合わせの7割を占めるのが、伊豆や箱根、富士山周辺の高級旅館です」（出典：NEWSポストセブン、2021年6月21日）

と証言していますが、このように伊豆や箱根といった日本の風光明媚な主要観光地が、中国人を中心とした外国人達に買い叩かれているわけです。

あるいは、2018年には中国の投資会社「蛮子投資集団」は、京都で120件もの不動産を買収し、それを使って、京都の町家が並ぶ一角を丸ごと「蛮子花間小路」という名前で、再開発する計画を立てています。まさに「京都にチャイナタウンが誕生する」（NEWSポストセブン：2021年6月21日）ことになるわけです。**日本の中でも最も日本らしさを保持し続けてきた京都の町並みが、今やもう、中国人のカネ儲けと物見遊山に好き勝手に買い叩かれているのです。**

日本の美しさも誇りも今や中国人によって穢されたと屈辱に感ずる日本人、とりわけ京都人は決して少なくはないと思いますが（筆者はまさにその一人です）、これが現実なのです。

ただし、買い叩かれているのは、観光地だけではありません。

東京、大阪、名古屋といった大都市の土地・不動産も今、急速に中国人によって買収され続けています。中国人にしてみれば、そんな大都会の土地・不動産を買収しておくだけで、特に何の労働もすることなく、そこで産み出された利益をその土地・不動産のオーナーとして吸い上げることができるわけです。というか、購入しておくことで自動的に利益が得られる土地・不動産は一体どこなのかを浅ましく調べ上げ、利益が出ると見込まれれば強大なチャイナマネーを使ってその土地・不動産を買い漁る、ということが繰り返された結果、多くの利益を生み出す東京、大阪、名古屋といった大都会の都心部や繁華街の土地・不動産が急速に中国人のものに転換されつつあるのです。

ちなみに、そんな大都会の一等地にカネを落としている人々は外国人というよりはむしろ日本人です。日本人が日本人のために開発し、投資し続けて作り上げられたのが大都会の都心部や繁華街なわけですから、そこにカネを落としているのが日本人なのも必然的な成り行きです。

したがって、中国人達は今、そういう高付加価値を生み出す土地・不動産のオーナーとなり果せることで、日本人の需要を労せずして効率的に吸い上げることができる体制になりつつあるのです。

これらの日本の「国土」を使った外国人による外国人の為の「儲けばなし」は、新しい形の植民地支配と言うことができます。

そもそも古い帝国主義における植民地支配は、
①軍隊で侵略し、現地政府を崩壊させて植民地とする。
②その植民地の**土地を収奪**して、その地を**開発**し（プランテーション農業などの）「資本」をつくる（＝「資本」輸出を行う）。
③そうして開発された「資本」でビジネスを展開し、得られた**利益を本国に送金（＝搾取）**する。
というものでした。

右に述べたニセコや京都をはじめとした様々な事例はまさに、この植民地支配と同じ構造をしています。

外国人が、ニセコや京都の地をつかってリゾート開発を行うというのは、帝国主義において進められた「②資本輸出」そのものです。そして、そのリゾート開発で得られた利益を「③本国に送金」しているのです。

唯一の違いは、「軍事的に侵略する」ということがニセコ・京都においては、あからさまに行われていないという点です。逆に言うなら、**ニセコでは、かつての植民地支配と（軍事的侵略という要素以外は）同じ事がコンプライアンスの範囲で「合法的」に行われているのです。**

さらに言うなら、先にも解説したように、帝国主義の時代になってからはこの③で展開されるビジネスの顧客は、当該の植民地の国民であることが常態化していったのですが、それは、**植民地の需要を吸い上げる（＝収奪する）ことを意味しています。**そして、先に述べた大都会の都心部・繁華街の土地・不動産の買収は、そうした需要の収奪そのものなのです。したがって、これもまた、コンプライアンスの範囲内における**合法的な植民地支配**なのです。

「合法」「非暴力」が新・帝国主義の特徴である

この旧帝国主義と新・帝国主義、あるいは、旧植民地と現在の「グローバリズム植民地」の違いは、「暴力的か否か」「合法的か否か」だという点だ、というところが、新・帝国主義あるいは、グローバリズム植民地を理解する上でのポイントとなります。

多くの現代人にとってみれば、帝国主義や植民地というものは、一昔前の「野蛮」で「暴力的」なやり方であり、そうした野蛮さ、暴力性こそが、植民地主義や帝国主義の特徴だと認識しているものと思います。したがって、**ニセコのような状況を目にしたとしても、「野蛮な軍事的侵略」がそこにはありませんから、それが帝国主義の植民地支配だ、という「真実」が直感的に理解できなくなっているのです。**

しかし、そもそも、宗主国側が資本輸出や利益の搾取をやろうとする場合、そうやすやすとそんなことさせてくれるお人好しなどいません。ですから、致し方無く軍艦や大砲を使って原住民を脅すということをやってきたのが、かつての帝国主義でした。

しかし、そんな軍艦や大砲をちらつかせなくとも、カネの力だけでそれが達成できるなら、何も戦争をするという膨大なコストをかけるまでもない、というのは当然の成り行きです。しかもそのカネは、大国であるなら国家の意思で自由に創出することができるのですから、カネを払うために必要な国家コストは、戦争のそれよりも圧倒的に小さい（というかほぼ皆無）なのです。

つまり、今の新・帝国主義は、かつての帝国主義よりもより積極に国家貨幣を使い、**「大砲」でなく「札束」**の力を使って、植民地から搾取・搾取していくよりスマートなスタイルへと、**「進化」**したわけです。

そして、この進化のせいで、人々は、目の前で帝国主義的な植民地支配が行われていても、それが植民地支配だと気付かなくなってしまっているのです。

新・帝国主義もかつての帝国主義と基本的構造は同じ

先にも紹介したように、帝国主義において宗主国は、植民地を基本的に「原料供給地」「資本輸出地」「商品輸出地」に位置づけて搾取・収奪していく植民地政策を進めたと紹介しましたが、何を「収奪するか」という点でこれを言いかえれば、次の3種類の収奪を行うと言うことができます。

①現地の資源の収奪
②現地の資本の収奪
③現地の需要の収奪

ここで、かつての帝国主義と新・帝国主義の特徴、すなわち、その共通点と相違点を図8をつかって簡単にとりまとめておきましょう。

まず、19世紀から20世紀にかけて世界を席巻したかつての帝国主義は「軍事的支配」を通して、対象国の植民地支配を進めていきました。したがって必然的に、植民地の人々の主権などみとめず、ただただ宗主国が好き勝手に統治するという形を行っていました。

しかし、20世紀後半~から21世紀にかけて現れた新・帝国主義はそうした「大砲」を用いた軍事的支配ではなく、先に指摘した様にあくまでも、「資本主義のルール」に則って「札束」を用いた経済的支配を進めます。したがって、表面上は対象国の主権を認めています。そしてそれ故、宗主国もまた唯一であるとは限りません。資本主義におけ

図8　帝国主義と新・帝国主義の共通点と相違点

	帝国主義	新・帝国主義
目的	資本輸出、商品輸出、資源収奪	
主たる帝国	英、仏、米	米、中
主たる植民地	アジア・アフリカ・南米の国々	アジア・アフリカ・南米の国々、**および日本**
時代	19世紀〜20世紀中盤	20世紀後半〜21世紀
侵略方法	軍事的支配	経済的支配
植民地の政治的独立	主権を認め無い	表面上は主権を認めるが、実態的主権を制限
軍隊の役割	植民地における直接統治の手段	植民地の主権制限のための手段

る最も典型的な搾取方法は、「合法的な資本の買収」ですが、それが法律に則ったものである以上、複数の国からの買収も可能となるからです。

しかしながら実態上は、対象国の政府を様々な工作を通して事実上の「傀儡」政権としたり、安全保障問題をちらつかせたり、巨額の負債を意図的に作らせる等を通して事実上の「隷属」状態におき、実質的な主権は認めないということが往々にして展開されています（この点については、日本の事情に触れる中で、じっくりと解説したいと思います）。したがって、「事実上のメインの宗主国」は一つ、ないしは最悪のケースでも二つである場合が一般的となります。なお、日本の場合は、かつては事実上の宗主国はアメリカだけでしたが、21世紀中盤以降にかけて、米中両国が事実上の宗主国になる流れが、誠に遺憾ながら日本にはあるのです。

ちなみに、やはりそのアメリカと中国が、今、最も積極的に新しいグローバリズム植民地支配を世界各国で進めようとしています。かつては、イギリスやフランス、アメリカが主要な宗主国となっていた一方で、欧州が没落しつつある一方で中国が強烈に台頭してきたからです。ただし、植民地化されている諸国は、かつても今も、やはりアジア、アフリカ、南アメリカの国々となっています。

ただし、かつては強大な国力を誇り、むしろ帝国主義側だった日本は、第二次大戦の敗北、ならびにその後の**アメリカの植民地政策の「成功」**、すなわち、**日本のアメリカに対する自発的隷属**の帰結として激しく衰退し、純然たる植民地国へと急速に没落しつつあります。

このように、20世紀と21世紀の時代背景的な相違は存在するものの、新・帝国主義はかつての帝国主義と、その**本質において何ら変わるものではありません。**

図8に示したように、植民地の「資源」「資本」「需要」の収奪という点では、何ら変わりはないのです。というより、植民地支配の「目的」は、この三者を収奪することにこそあるのであって、そのための「手段」が時代の変遷の中で変化したに過ぎないのです。

日本の穀物需要の60%を収奪した『アメリカの小麦戦略』

さて、この新・帝国主義の基本構図を踏まえた上で、さらに日本がこの新しい帝国主義体制の下で、激しく様々なものが収奪されている構図をさらに見ていくことにしましょう。

先のニセコの例は、ニセコの土地と自然環境という、日本固有の「資本」を収奪し、ビジネスと展開するというものでしたが、残念ながらそれ以外の「資源」と「需要」についての収奪も、日本において展開されているのです。

というよりむしろ、この三つの収奪の内、最も古くから我が国において繰り返されてきたのが、**「需要の収奪」**です。

元々日本は江戸時代までは「鎖国」をする程に、あらゆる商品を自給してきていました。このことはつまり、かつての日本では、日本人が生きていく上で必ず発生する食料需要をはじめとした消費需要、投資需要等は全て日本国内の「産業」に活用されていたことを意味しています。

こうした「鎖国」、別の言い方をするなら、**「全品目についての自給率100%の確保」**という政策方針は、国内産業を大きく発展させます。

当たり前の話しですが、需要無き所に産業は育成されません。需要があって初めて産業が生まれるのであり、需要が拡大し、より高品質のものを求める方向へと「上質化」していけば産業はより高度なものとなっていくのです。**需要こそが「産業の母」であり、「産業の米」なのです。**

したがって江戸時代までの鎖国政策は、日本国内のあらゆる部門における産業を大きく進化、発展させたのです。

ところが、欧米列強によって**「開国」**させられて以降、日本人が外国から様々な商品を**「輸入」**するようになっていきます。それはすなわち、日本人の**需要が外国人に「収奪」**され、国内産業に衰退圧力がかけられることを意味しています。

しかし、我が国がアメリカを中心とした連合国に第二次大戦で敗れるまでは、それでも様々な品目についての自給率は（石油などの資源を除けば）それなりに高い水準が保たれていました。つまりそれは、我が国がどの外国の植民地でもなく、国内産業保護についての「主権」を日本が持ち続けていたことを意味します。

しかし、第二次大戦の敗戦を皮切りに、我が国の様々な品目についての自給率が、次々と下落していきます。

その代表的なものが米・麦などの穀物です。

戦前は穀物の自給率は約90％と、その大半を自給自足していました。ところが日本の敗戦後、日本を統治したGHQが、アメリカ国内の小麦農家の振興策として、日本人に「小麦」を食べさせるように仕向ける政策を徹底的に進めました。その結果、穀物自給率はどんどん下落していき、今となっては28％にまで下落するに至っています。

このあたりの経緯は、長崎大学の中村修氏がものした『「アメリカ小麦戦略」と日本人の食生活』等の書籍で詳しく解説されていますが、その中心的な取り組みが、小学校、中学校での**学校給食でのパン食推進でした**。

しかも、そうした米からパンへの転換を促すために、**アメリカ政府は、厚生省、農水省、文科省に活動資金を提供しました**。そうした活動資金を活用し、和食を否定してパン食への転換を促すべく、様々なキャンペーンが展開されました。その一環として、子供達には、栄養士達による「科学的食事指導」によって米飯は否定され、パン食こそが科学的な食事だと、教育していきました。しかも、そうした日本政府の取り組みを正当化すべく、慶應大学医学部教授の林氏は『頭脳』という本の中で「米食をすると頭脳が悪くなる」と主張する等の、今となっては唖然とするようなデマがまことしやかに喧伝されていったのでした。

こうした、米国内の小麦農業の振興を目指す米国政府による**「小麦戦略」**によって、日本人はどんどん米を食べずにパンを食べる様になっていき、その結果として、戦前には90％程度であった穀物自給率が、戦争から20年後の昭和40年には62％にまで下落していき、そして、先にも触れた今日の28％という水準にまで下落してしまったのです。つまり、**穀物自給率が約60%も下落**してしまったのです。

このことはつまり、**日本の農家が、日本人の穀物需要全体の60%にも及ぶ巨大な需要を収奪され**、その収奪された巨大需要が、アメリカの農家にあてがわれるようになったことを、意味しています。これが日本の農業を激しく衰退させると同時に、アメリカの農家に巨大な利益を提供し続けているのです。

これこそ、**「アメリカの小麦戦略」**であり、「日本人の胃袋」を使って、日本の農家の衰弱など度外視して、アメリカ農家を活性化させたのです。しかも、このアメリカの小麦戦略を、アメリカの指示にしたがって、日本国内にて丁寧に丁寧に具体的に推し進めたのは日本政府だったのです。しかも、その中で御用学者を使ってデマまで流し、子供への教育を司る小学校の現場まで使って、子供に対してパン食を促す洗脳を繰り返したわけです。

まさに植民地の**奴隷根性**——誠に情けなき話しだと言わねばなりません。

ただしアメリカ側にしてみれば、軍事力で威圧するのではなく、ただただキャンペーンを推進する為の僅かな資金を提供しつつ、パン食への転換を進めよと日本政府に命ずる「だけ」で、日本農家が活用していた日本人の穀物需要の6割もの膨大な需要を、米国農家にほとんどただ同然で差し出したわけですから、これほど楽なことはありません。

つまり、宗主国＝アメリカ側が軍隊を使うか、心理的方略であるキャンペーンを使うかの相違こそあれ、「原住民」達の需要を自国の農家のために収奪しているという点では、この事例は、旧来型の帝国主義時代の植民地政策と何ら相違のないものとなっているわけです。

巨大な食料需要を米国等に差し出し続けた「奴隷根性」

この米からパンへの転換は、日本における「需要の収奪」の事例として最も典型的な事例ですが、こうした事例は、実に様々な方面で進められています。

1980年代くらいまでは、「オレンジの自由化」や「牛肉の自由化」という形で、日本の農家が活用していた日本人の需要が、一項目ずつ、遠慮がちに「植民地政策」の一環として米国等の諸外国により収奪されていったのですが、平成の時代になってから、その需要収奪の「植民地政策」は、「グローバリズム」や「成長戦略」という美名の下、凄まじい速度で展開されるようになってきています。

その典型がＴＰＰ（環太平洋パートナーシップ）や日欧ＥＰＡ（経済連携協定）でした。

これらは一応「対等」の**自由貿易協定**、ということになっています。

つまり日本政府は、多国間の自由貿易を加速する協定を取り結ぶことで、互いにＷｉｎＷｉｎ状況を作り上げ、それを通して、日本のさらなる成長を図ろう――という認識の下、前のめりに進めたものでした。

政府は**「攻めるべきところは攻め、守るべきところは守る」**なる威勢の良い台詞を口走りながら進めたのです。

しかし実態は、全く異なるものでした。

そもそも日本は、「アメリカの小麦戦略」の際に馬鹿正直に宗主国・アメリカの命令に従い、自らの産業のために必須の虎の子である「食料需要」をアメリカに提供し続けたように、この自由貿易協定でも、同じことを繰り返したのです。

政府関係者は、「自動車は日本のお家芸」というステレオタイプ（＝思い込み）、そして「自由貿易協定で大切なのは、関税を引き下げることだ」というステレオタイプだけを持ち、兎に角外国の自動車の関税を引き下げてもらえるなら、日本国内の農業保護のためのあらゆる規制を撤廃する、という態度で、全ての貿易協定に臨んだのです。

これははっきり言って、愚かという言葉で表現しきれないほどに愚かな交渉です。

そもそも自動車の関税は、たとえばアメリカにおいては自動車の関税は2・5％。日本国内の自動車会社からも「アメリカの関税2・5％を引き下げるかどうかはさして重要ではない」という声も出ていたくらいでした。（※6）

それにも拘わらず、TPP交渉において日本政府はこの2・5％をさらに引き下げることに血道を上げ、84％の物品（貿易額ベース）、の関税を「撤廃」することに合意したのでした。ただし、交渉の途中でアメリカは当時新しく就任したトランプ大統領の判断でTPPから離脱しましたが、日本はTPPを批准。その後、アメリカとも改めて日米の二国間の貿易協定を取り結び、TPPとほぼ同様の協定を結んだのでした。

結局、日本の農業は関税により保護政策の多くの部分を失い、日本の農家がそれまで活用していた「日本人の食料需要」はますますアメリカをはじめとした諸外国の農家に収奪されることになりました。

いずれにしても、「奴隷根性丸出し」のこうした愚かしい交渉が、戦後一貫して繰り広げられ、一億人以上もいる巨大マーケットである日本の食料需要が、どんどんアメリカをはじめとした諸外国に「収奪」されていったのです。その結果、**日本の食料自給率（カロリーベース）は、戦前88％もあったにも拘わらず、今日ではその半分以下の37％にまで下落してしまったのです。**

日本の農村・漁村のものであった日本人の総食料需要の半分以上（51％）が、アメリカ等の諸外国の農家に収奪されてしまったのです。

これこそ、暴力を使わず合法的に、ソフトなコミュニケーションだけで需要を収奪していく新・帝国主義における日本の新しいグローバリズム植民地化の内実だと言えるでしょう。

※6「自動車関税とは　日本が輸入する米国製にはかからず」（日本経済新聞、2019年9月26日）より。

中国は日本の資本・資源・需要の三者を効率的に収奪している

宗主国が植民地から収奪しようとする「需要」「資本」「資源」の内、ここではこれまで、戦後日本において、米国や中国から、観光地等の「資本」や、食糧需要等の「需要」の収奪について紹介してきましたが、それ以外にも重要なものが、ここ最近、中国によって収奪され続けています。

それが、**「企業」**であり、さらにはその企業が持っている**「技術力」**です。

まずは図9をご覧下さい。

この図は、あるメディア関係者が独自に調べた、中国に買収された日本の主要企業のリストです。

ご覧の様に、驚く程にたくさんの、日本の名だたる一流企業が、既に中国人に、企業まるごと買収されてしまっているのです。

たとえば、ＮＥＣや富士通と言えば、かつては日本、ひいては世界を代表するパソコンメーカーで、ＬＡＶＩＥやＦＭＶ等は多くの人々が親しんだメジャー・ブランドでし

図9　中国企業に買収された主要企業の一部

買収された日本企業の名称	買収された日本企業の業種	中国企業の名称	買収時期
NECパーソナルプロダクツ（PC部門）	PC製造	Lenovo（聯想集団）	2011年
富士通クライアントコンピューティング	PC製造	Lenovo（聯想集団）	2018年
三洋アクア	家電製造	Haier（海爾集団）	2011年
東芝ライフスタイル	家電製造	Midea（美的集団）	2016年
山水電気	オーディオ機器製造	善美集団	1991年
赤井電機	オーディオ機器製造	善美集団	1994年
ナカミチ	オーディオ機器製造	善美集団	1997年
パイオニア	オーディオ機器製造	Baring Private Equity Asia	2019年
レナウン	衣料品製造	山東如意集団	2010年
ラオックス	家電量販店	蘇寧電器	2009年
池貝	産業機械製造	上海電気集団	2004年
オギハラ（金型工場）	自動車製造	BYD（比亜迪汽車）	2010年
本間ゴルフ	ゴルフ用具製造	上海奔騰企業	2010年
タカタ	自動車用安全部品製	Key Safety Systems	2018年

出所：訪日ラボ編集部『中国資本の買収した日本ブランド／パソコンや家電、経営危機免れたメリットとその代償とは』訪日ラボ、2020年06月25日。

たが、それぞれ２０１１年、２０１８年に中国企業に買収されてしまっています。

高品質の象徴として日本の家電製品は海外諸国でも人気を持っていましたが、そんな日本家電企業の代表格である三洋と東芝は今やもう、中国企業になってしまっています。

同様にしてオーディオにしても、パイオニアや赤井等の有名ブランドが、衣料品ではあのレナウンが、それぞれ買収されてしまっています。

こうした中国による日本企業の買収は、日本企業の業績悪化が全ての原因です。１９９０年代後半から20年以上も続くデフレ不況のせいで、日本企業がどれだけ良い物を作っても、日本マーケットで全然売れなくなってしまったのです。一方で中国企業は、急成長する中国経済に牽引される形で急成長していきました。そうなれば後は、市場の論理に任せておけば自ずと勢いのある中国企業が没落していく日本企業を買い漁る状況になるのは、必然とも言えます。

おりしも、「老舗」のNECや富士通、東芝や三洋には、後発企業である中国企業にしてみれば喉から手が出る程に欲しい**「技術力」**があります。そんな技術力は、他の企業としては、違法な産業スパイでも何でも使って盗み取るしかないわけですが、**買収してしまえば何の苦も無く「合法的」に全て収奪することが可能となります**。いわば中国企業は、日本企業が長い年月をかけて育て上げてきた技術力を、札束でむしり取って言ったわけです。

ちなみに、中国は共産主義国家。したがって、中国の企業はいずれも共産党と深い関係を持つ存在です。したがってこの中国企業による日本企業買収は、中国共産党＝中国政府が、自らが発行する人民元を使って、日本が培ってきた技術力を収奪していったという構図にあるわけです。

経済学的にいって、こうした技術力は「資本」に分類されます（技術的資本）。しかし、日本人の血と汗の結晶としてここまで培ってきたものである点を踏まえれば、それはもはや日本文化が生み出した「資源」といっても過言ではありません。「資源の無い国日本」にとって、智恵の結晶である技術は、数少ない貴重な「資源」なわけです。

そんな日本の資源である技術力を、長引く不況で苦しむ日本企業の足下を見る形で、中国政府が買い漁っている状況がここにあるわけです。

これもまた、日本が植民地化しつつあることの典型例の一つです。

新・帝国主義のアメリカに並び立つ一方の雄、中国は、大砲の代わりに豊富な資金をバックに、日本の貴重な「資本」である大企業を軒並み買収し続けているわけです。そしてそれを通して、その大企業達が長年培ってきた技術力という「資本」ないしは「資源」の収奪に成功したのです。

それを通して中国は、その技術力をつかって自国の産業をさらに発展させることに成功させています。

一方で、買収した企業が上げる利益を全て搾取することにも成功します。それはいわば、21世紀版の現代的「プランテーション農業」と言えるでしょう。プランテーション農業は、宗主国側は特に働くこともなく、ただ単に奴隷としての植民地の原住民を働かせ、最低限の賃金を渡しておいて後の利益は全て収奪するものです。それと同じように、中国側は日本人が働いている日本企業を買収し、自らは特に労働することもなくただ日本人の社員達を働かせ、適当な賃金を渡した後の利益は全て中国側が収奪する、ということが可能となるわけです。

しかも、日本企業の場合は、主として日本人を相手にビジネスしていますから、日本企業を買収しておけば、日本人の「需要」を収奪することも可能となるわけです。プランテーション農業は主としてグローバルビジネスのためのもの（つまり原住民以外の人々の需要を見込んだもの）でしたから、その点を考えれば、プランテーション農業より、日本企業買収の方がより効率的な搾取が可能となるわけです。

つまり、日本企業の買収は、日本の資本を収奪し、日本の資源を収奪するのみならず、日本の需要を収奪することもできるのです。すなわち中国は、大砲なぞというものを使わずとも、**「グローバル資本主義」という合法的仕組みを上手に活用することで、かつ**

てよりもさらに効率的に植民地支配の目的を達成させているのです。

「外資規制」不足が植民地支配を促している

このように、日本では土地や不動産、そして企業や技術が、まるで草刈場のようにアメリカや中国といった今日の超大国（＝新・帝国主義における帝国）らによって買収され続けているのですが、こうした事態は必ずしも先進諸外国では一般的ではありませんし、かつての戦前の日本でも一般的ではありませんでした。

たとえば、中国は共産主義国家ですから、企業は純然たる民間ではなく、中国共産党が濃密に関わっています。そもそも中国では、学校や企業、住民委員会など、あらゆる組織で共産党委員会との二重体制をとることになっていて、「党委」と呼ばれる共産党委員会を設置することが一般的です。そして「党委」は人事も含めて企業の意思決定を左右する存在です。つまり、中国企業は基本的に（というか、日本企業を買収できるほどの大企業は全て）中国共産党の支配下にあるわけで、党委を通して事実上、共産党組織そのものだと考えても差し支えないわけです。そんな状況ですから、中国企業が、諸外国、あるいは、多国籍企業の思い通りに買収されていくという状況は考えにくいのです。

もちろん、中国には日本企業をはじめとした多数の外国企業が進出しており、中国人の安い労働力という「労働資本」を使って、工場を作り、それを世界中のマーケットに輸出するというビジネスを展開しています。その点では、日本の企業買収と似た構図が中国にもあるとも一見見えるものの、内実は全く異なります。中国進出においては中国共産党の許可が求められるのであり、中国国内の会社経営はその意味において中国共産党のコントロール下におかれているからです。

したがって、確かに進出した日本企業は中国の安い労働力を使ってはいるものの、それによって中国の産業技術が日本側に流れるということはありません。むしろ、流れるのは日本側の産業技術であり、日本企業が中国に進出すればする程に中国側に新しい産業技術が蓄積する構図が作られています。

しかもそこで作られる製品は、主として海外で販売されるため、中国の需要が日本企業に搾取されるということはありません。さらには、安い労働力が調達できるということは、もともと雇用が限られておりしかも賃金が低く中国側からすれば、雇用が生まれていることを意味しているのであり、中国にしてみればメリットは大きいというのが実情です。さらに言えば、外国企業が中国に進出すればするほど、ドルを中心とした外貨が中国に流入することになり、これが、中国の経済成長にとって必要不可欠な要素となっています。つまり中国共産党は、日本企業等の中国進出が、中国にとってトータルプラスの利益になるとの明確な見通しがあるのであり、だからこそ日本企業の進出を意図的に促しているのです。

したがってもし仮に中国進出を抑止することが中国の国益上必要だと認識するようなことがあれば、**中国共産党は即座に規制できる状況にあるのです**。それほどに、共産主義国家である中国における外国企業の進出は、共産党の管理下におかれており、日本のように政府が何の介入もせずに外国企業が勝手気ままに進出することなどできないのです。

以上はあくまでも共産主義国家の中国だから、そういう規制があるのも当たり前だとお感じかもしれませんが、共産主義国家以外の国々でも、**外資規制は当たり前で、何の規制も無いという特殊な状況におかれているのは、我が国日本くらいのものなのです。**

たとえばアジア太平洋の各国・各地域を見ると、インドネシアやフィリピン、タイ、インドなどは外国資本による不動産買収は原則不可で、シンガポールは法相から許可を受けていない外国人（法人）の土地所有は不可となっています。オーストラリアは原則、外国投資審査委員会の許可が必要で、韓国は外国人土地法で許可申請や届け出を求めています。

ただし我が国日本でも、近年になってようやく、これはいくら何でも問題ではないかということで、安全保障の観点から重要な土地（自衛隊の基地等）周辺の外国人による買収を抑止する法律が作られました。「重要土地取引規制法」（国家安全保障上重要な土地等に係る取引等の規制等に関する法律）です。

しかし、この法律で規制対象とできるのは、自衛隊基地などの重要施設の「1キロ以内」の売買についてに過ぎません。しかも規制といっても、買収時に行政にその売買の情報を届け出る必要がある、という程度のものです。何も無いよりは遙かにマシではあるし、最初の「一歩」として重要なものではありますが、「十分」なものとは到底言えないのが実情なのです。

なぜこうなってしまったのかと言えば、やはりそれは、1945年の第二次世界大戦における日本の敗北に直接的な原因があります。

そもそも日本には、大正時代に制定された**「外国人土地法」**があり、外国人による土地の所有（享有）が適正に規制可能な状況があります。この法律は未だ廃止されているわけではないのですが、アメリカのGHQ統治以降の戦後日本では、その運用が完全に停止されてしまっている状況にあります。この法律の第一条では、外国人の土地の所有（享有）は、**「相互主義」で規制**されることと規定されています。これは、たとえばA国の人が日本の土地を買おうとした場合に、日本政府は、「日本人がA国で土地を買う場合に受ける規制」をかけることができるのです。先に述べたように、日本以外の国は基本的に全て、外国人の土地の売買を規制しています。ですから、日本政府は、外国人の土地の購入を、それぞれの国の規制に応じて規制することができるのです。誠に秀逸な条項だったわけです。

しかも、この外国人土地法では、日本の国益の視点から重要な土地については、相互主義による規制以上により厳しく、その売買を取り締まることができたのです。

ところが、１９４５年の終戦直後、アメリカのＧＨＱの占領下でこの法律の運用が停止される事になります。国防関連施設周辺や離島の外国人の売買を禁止するために出されていた戦前の政令が、廃止されてしまったのです。国防関連施設周辺の土地の売買規制はもちろん、日本の軍事的戦略の一環で行われていたものだったため、**武装解除を徹底したアメリカは、この法律の運用もまた停止させる**ことにしたわけです。

その結果、外国人土地法は、「有名無実」の法律となり、そのまま今日を迎えるに至っています。その運用のためには、具体的にどこをどのように規制するのかの「政令」が必要なのですが、その政令が戦後廃止され、そのままの状態が続いているからです。

その結果、日本中のあらゆる土地が、まるでスーパーマーケットやコンビニで外国人がカネさえ払えば好き勝手に買っていくことができるように、買われ続けてきたのです。それが今の日本の状況なのです。

ただし、今のアメリカ政府は、中国が日本の国土を買い漁るこの中国による「グローバリズム植民地」状況を好ましくないと考えていることでしょう。しかし、それはアメリカが日本の徹底的な武装解除のために、外国人土地法の運用を停止してしまったが故にもたらされた事態なのです。したがってそれはまるで、植民地化するために日本にぶち込んだ憲法9条のせいで、日本が中国と対抗するための軍事力を増強できなくなり、それが今のアメリカ政府にとって好ましくない状況を生んだ、ということと同様の話になっているわけです。

中国は合法的に「第二の宗主国」になりつつある

大東亜戦争に敗れた日本はアメリカに占領統治され、日本国憲法の制定を中心とした法体系のパワーでもって、あくまでも「合法的」かつ「平和的」にアメリカの事実上の植民地に成り下がってしまいました。その象徴がアメリカによる沖縄や横須賀や横田などの広大な領土・領空の収奪だったわけです。ですが、そうやってアメリカが作り上げた「合法的な占領統治の仕組み」を、今度は、日本の隣国のスーパー超大国・中国によって上手に活用され、同じく合法的かつ平和的な手段でもって、日本の植民地化が着々と進められる状況に至ってしまったのです。

アメリカの占領統治下で外国人の土地売買の規制が事実上廃止されてしまったことに中国は便乗し、強大なチャイナマネーの力を使って観光地や大都市の都心部や繁華街といった大きな利益を生み出す日本中の土地を「合法的」に買い漁り、**労せずして日本国民から搾取するシステム**を日本中で作り上げつつあります。

あるいは東芝やＮＥＣ、富士通といった日本中の優秀な企業を買い漁り、日本の労働者から搾取し、日本人の「需要」と共に、戦後日本人が蓄積してきた血と汗の結晶とも言いうる「産業技術」を同じく「合法的」に収奪し続けています。

こうした資本主義に基づいてあらゆる資本・資産・需要を収奪する植民地政策を進めていく新・帝国主義は、ＧＨＱの占領統治期のみならず、占領統治から今日に至るまで70年にわたってアメリカが日本に要請・強要し続けた、あらゆる（新自由主義的な）**「自由化」**によって拡大してきたのです。

そして今後も、今の状況が続く限り、中国を中心とした外国による日本の植民地化はますます加速していくことになります。

戦前の日本、あるいは、戦後の日本においても昭和時代に日本人が作り上げていた様々な「規制」さえあれば、そうした中国企業による資本買収も容易には進まなかったはずであるにも拘わらず、それら規制がアメリカ政府の要求を呑まされる形であらかた緩和され撤廃されたが故に、中国による合法的な企業買収が可能となったわけです。

つまり、日本はアメリカの自己都合による「植民地化政策」によって、外国にあらゆるものを買収されやすい国家になってしまい、その帰結として、中国によってあらゆる資産・資源・需要の合法的な収奪が進められる状況に立ち至ったのです。つまりアメリカは、自分の利益のために日本を好き勝手にできるようにあらゆる側面から弱体化・脆弱化させたわけですが、一旦そうなってしまえば、中国のような大国達がそんな日本にいくらでも付けいることが可能となってしまっているわけです。

その結果、日本はアメリカのみならず、合法的な形で中国の植民地化が急ピッチで進められるに至ったわけです。

こうして今、中国は（半ば無意図な格好で）アメリカに次ぐ**第二の「宗主国」となり、**

日本は米中のダブル属国＝ダブル植民地になりつつあるのです。

第6章　「平和主義」が自滅を導く

戦後レジームからの脱却の本丸は9条第二項の削除

本書ではこれまで、アメリカによる占領統治を契機とした政治的策略に基づく日本の植民地化政策、そしてそれに便乗する形で、「新・帝国主義」国家である中国による資本主義の原理に基づく合法的な日本の植民地化政策のあらましを解説してきました。

しかし、もしもこうした植民地化政策に対するレジスタンスのマインドが我が国日本にあれば、ここまで極端な植民地化は推進されることはあり得なかった筈です。

実際、第二次大戦の敗戦国であるドイツやイタリアでは、日本のような「超絶に一方的な地位協定」は締結されておらず、米軍が当該国の国土を好き勝手に使用できないようになっています。

もちろん、憲法9条や日米安保条約といった、国軍の完全解体を前提とした極端としか言いようのない法システムが導入されたのは我が国日本だけだったとは言えるとしても、それとて、日本の世論の趨勢が、『自国軍を持たない限り独立国家になどなれない、独立するためにも憲法9条、とりわけ、**「軍隊の完全放棄」を謳った第二項の撤廃は必**

須だ』と認識していたとすれば、憲法9条第二項は破棄されたり修正されたりしていたはずです。（※7）

そしてもし、憲法9条第二項さえ破棄されれば、日本は自国の国防軍を持つことが可能となりますから、「軍隊を持たない日本を防衛するために、在日米軍を駐留させる」というタテマエは無効となります。そうなれば必然的に日米安保条約の改定が可能となります。

そして安保条約が今の形でさえなければ、当然ながらそのために取り結ばれていた日米地位協定も、諸外国における地位協定と同様の水準のものに大幅に改変され、アメリカが日本の国土を勝手気ままに使用するという植民地化は回避できるようになるのです。それはすなわち、**日本が真の独立国になることを意味します。**

すなわち、憲法9条第二項の改定・削除ができれば、いわゆる「**戦後レジーム**」から

※7 なお、憲法9条の第一項は、国際紛争の解決のための武力行使はしない、という条項であり、これは憲法に書いてあっても書いて無くても、国際法で規定されている「当然の内容」と言い得るものですから、日本政府の振る舞いを制限する機能は基本的にありません。

脱却することが可能となるのです。

「戦後レジーム」の「レジーム」とは「体制」の意味ですから、それは「戦後体制」という意味です。その戦後体制とは、一言で言うなら**「日本を自主防衛ができない独立国ではなく、アメリカの属国にしておく」という体制です。**したがって、その日本を巡る戦後レジームの要は「日本が自主防衛できない」という一点にあるのです。その一点があるからこそ、「米軍に守ってもらうこと」が必要なのであり、それゆえにアメリカの属国＝植民地の地位を甘んじて受けなければならなくなっているのです。**だから日本が自主防衛ができるようになった時に初めて、アメリカからの真の独立を手に入れることができる**のです。

「平和主義」こそが日本の隷属化を導いている

以上に述べた憲法9条と日本の独立の話しは、国民一般においてはさして知られてはいない話しかもしれませんが、いわゆる「保守論壇」においては一般的な認識となっていると言うことができるでしょう。

こうした認識があるからこそ、「憲法9条改正すべし！」という「改憲論」が、保守派の政治家、評論家、そして国民から言われ続けてきたわけです。そして、それがあるからこそ、安倍晋三氏の暗殺後にその遺志を引き継ぐと言明した岸田文雄総理は、即座に「憲法改正」の議論を続けるのだと主張したわけです。

しかし、我が国には、『「平和が好きだ」と言い募り、「軍＝戦力なんて持つのは嫌だ」と叫び続けるだけの心情』が濃密に存在しています。この心情は、平和を実現するために軍拡も辞さないという真の平和主義とは全く異なるものであり、むしろこのせいで軍事戦略が全く取れなくなり、かえって平和が乱されることになるのですが、今の日本を支配している心情は、この心情です。**本書ではこれを「平和主義」と呼称しています**。

これは単なる「心情」に過ぎず、しかもそれは単なる**「隷属」**をもたらす幼稚な**「臆病」**と言うべきものであるにも拘わらず、「主義」と呼称しているのは、軍＝戦力を持つ「べき」ではないという主張が「タテマエ」として強力に機能するからです。しかもそのタテマエは、日本でもっとも遵守すべき「憲法」に明記されてしまっているのです。

それこそ、先程から言及しておりますこの憲法9条第二項です。

「陸海空軍その他の戦力は、これを保持しない。国の交戦権は、これを認めない」

これぞまさに、**我が国に蔓延る「平和主義」の正体**です。要するに日本は軍＝戦力を持たないし、戦ってはならない、と書いてあるのですから。

言うなれば、**平和主義とは、憲法に書かれたこの条項が、人々の精神に浸透し、沈殿し、形作られたメンタリティ、心情なのです。**

だから、人々の精神の内に平和主義が蔓延れば蔓延るほどに、その心情の「故郷」である憲法9条が維持されていくことになります。

たとえば、2022年の朝日新聞の調査では、「9条を変えないほうがよい」が59％、「変えるほうがよい」が33％で2倍近い差があるという結果になっています。毎日新聞や読売新聞では、9条改正についての支持は、これよりもより多い結果が出ていますが、それでもやはり非常に多くの国民が9条改正に反対しています。

しかもこれは、ロシアのウクライナ侵攻が起こり、尖閣への中国侵略危機が高まっているという現状を反映した上での数字。逆に言うなら、そんな状況であるにも拘わらず、この程度の国民しか「憲法9条改正」に賛成していないのですから、それ以前ではもっと9条改正への反対派が多かったのです（2010年の朝日新聞の世論調査では、9条改正賛成はわずか24％で、反対が67％に達していました）。

こうした世論調査結果は、我が国世論において**「平和主義」が深く浸透**してしまっていることを示しています。

そもそも憲法改正には国民投票において「過半数」の賛同が求められます。したがって、この世論環境では、憲法9条第二項の改正・廃止が実現する可能性は全く高くないと言わざるを得ない状況にあるのです。

憲法9条第二項がある限り、日本の隷属状況＝戦後レジームは脱却できず、日本が独立できないわけですから、**結局は「平和主義」のせいで、日本の独立はできないのです。**

第三項の「加憲」は百害あって一利なし

そんな中、一歩でも二歩でも、日本の独立に向けて歩み出そうではないかという努力が重ねられてきており、そんな中で、故安倍元総理によって提案されたのが、改憲、護憲とは異なる**「加憲」**という立場です。

それは、憲法9条の第一項、第二項はそのままにしておいたまま、第三項に「自衛隊の存在を明記する」というアイディアです。

実は、このアイディアについては、「平和主義」という「臆病主義」が浸透している国民の間でも比較的賛同者が多く、あの朝日新聞の世論調査でも、2022年時点で過半数が賛成するという結果が示されています。

したがって、「平和主義＝臆病主義が浸透した状況下で、憲法9条を変える」という目的にとってみれば、この加憲のアイディアは秀逸だと言うこともできるのですが――**残念ながらこれは、戦後レジームからの脱却＝真の独立の実現にとっては、百害あって一利無しとも言い得る「悪手」です。**

なぜなら、「陸海空軍その他の戦力」の永久不保持を謳った第二項が残存している状況で、自衛隊の存在が第三項で明記されれば、結局は、**「自衛隊は軍・戦力ではない」という解釈を固定化してしまう**からです。今は、自衛隊が憲法に明記されていないがゆえにその点が曖昧になっている上、自衛隊は軍・戦力であるかどうかについての解釈も曖昧なのです。ですが「加憲」されてしまえば、その「軍・戦力の保持」の可能性が完全排除されることになってしまうのです。

そうなれば「侵略があった場合、軍ではない自衛隊だけでその侵略軍と戦う防衛戦争を遂行することはできない。したがって、防衛のためにはやはり、アメリカの軍＝戦力が必要だ」という解釈が固定化されてしまうのです。

憲法9条改正は、単に変えればよいという話なのではなく、真の独立を果たすための「手段」として求められているものなのですから、これでは本末転倒です。

しかし、今、与党自民党ではこの本末転倒の議論が大真面目に議論されており、今まさに、この**「戦後レジーム＝日本の植民地状況を固定化」**する加憲の議論が、安倍内閣から岸田内閣へと引き継がれてしまいました。

ではなぜ、このような歪んだ話がゴリ推しされようとしているのでしょうか。それは偏に、日本に「平和主義」という名の臆病が浸透してしまっているからに他なりません。

まず第一に、朝日新聞・毎日新聞や共産党といった「護憲」の人達の「平和主義」の勢いが強い。

そして第二に、したがって、産経新聞・読売新聞や自民党といった「改憲」の人達も、憲法9条第二項改正・削除という正論を出しづらくなっている。

そして第三に、そうした状況が長年続いた結果、産経新聞・読売新聞や自民党といった**「改憲」の人達の間にすら「平和主義」の根性が浸透してしまったのです。**その結果、憲法9条第二項改正・削除して「軍隊を持つべきだ」という正論を主張する勢いそれ自身が完全停滞してしまい、その結果、本末転倒そのものの「加憲の議論」が台頭してきてしまったのです。

今や「保守」陣営は、半世紀以上もサヨク側の護憲と闘争し続けた結果、疲れ果て、自主独立という本来の目的を忘れ、憲法改正というものが「自己目的化」してしまう状況に立ち至っているのです。

自民党内を支配しつつある「平和主義」

つまり、保守勢力における、「平和主義」という**戦力＝軍を持つ事を忌避する臆病な心情**の台頭が、日本の植民地化の流れを固定化させているのです。

そんな心情は今、日本政府の振る舞いの至る所に見て取ることができます。

たとえば、ロシアのウクライナ侵攻が起こった際、日本でも核武装の可能性を探る議論が必要なのではないか、という話が俄に惹起しました。なぜなら、ウクライナがロシアに侵略されたのは、ウクライナが核を放棄したからであり、かつ、アメリカがその戦いに参戦しなかったのは、ロシアが核保有国であったからだ、という核保有の強烈かつ決定的な影響力の存在が、改めて白日の下にさらされたからです。

安倍元首相はこの時、核兵器の何らかの形での配備（例えば、核共有）について、日本でも議論をすべきだと発言しました。

しかし、この議論を統括すべき立場にある岸田総理は、「議論はしない」と即座に言明。この発言後、自民党内でも「核を配備した基地が攻撃対象になる恐れが高い」などの理由から、核兵器の配備については「議論しないこと」が決められてしまいました。

しかし、そもそも核配備の議論が巻き起こったのは、「攻撃されないようにするためには、核を配備するしかない」という認識があったからです。ですから、この自民党内の議論は本末転倒その理不尽かつ不合理なものとしか言いようがありません。

このような理不尽かつ不合理がまかり通ってしまったのは偏に、「戦力＝軍を持つ事を忌避する臆病な心情」という憲法9条第二項の平和主義の精神が自民党内で支配的なものとなってしまっているからに他なりません。

あるいは、2022年の米国ペロシ下院議長の訪台を契機として起こった台湾危機では、日本の安全保障が本格的に危機にさらされました。

何よりもまず、中国にとって尖閣は台湾の一部だと見なしています。したがって、今回の軍事オペレーションには、必然的に尖閣侵略がそのミッションの一つに入り得るものなのです。

しかも、台湾周辺に展開した六つの中国海軍の部隊の内の二つが、日本の与那国島を上下で挟む格好での配置となっており、これでは、与那国島がいつ何時、中国から攻撃・

侵略されるかわからぬ、極めて深刻な状況だったわけです。

さらに言うなら、中国が発射したミサイルは、日本の排他的経済水域EEZに着弾してもいます。すなわちそれは**対岸の火事ではなく、完全なる〝自岸〟の火事そのものだったわけです。**

それにも拘わらず――日本政府の反応は恐るべき「弱腰」に終始しました。岸田総理が遺憾であると表明するだけの、いわゆる「遺憾砲」だけに留まったわけです。

これはまさに、憲法9条第二項に忠実にそった「平和主義」の態度です。つまり、「これを認めない」と憲法上で言われている「国の交戦権」の行使を過剰な程に回避したわけです。

もちろん、現在は憲法9条の縛りはありますから、中国のEEZに威嚇射撃を行う等の対策が難しいものであったとしても、自衛隊の出動についての法制度が整備されているのであり、「防衛出動」に向けた自衛隊による何らかの措置は可能だったのです。具体的に言うなら、今回の台湾危機は、台湾や米軍に対する武力攻撃が発生しかねないリスクがあったわけで、したがって、自衛隊の出動が法的に可能となる「武力攻撃事態」

や「存立危機事態」が成立する可能性が十分に考えられたのです。したがって、自衛隊の出動の準備を命ずることは全くもって可能であったわけです。

実際、米軍や台湾軍は、そういう対応を、中国を含めた全世界から目で見てわかるような形でアピーリングに行ったのです。

しかし、そうした振る舞いは日本は全く行いませんでした。**この振る舞いもまた、「交戦しない」という憲法9条第二項の平和主義の精神**（というよりむしろ心情）**に忠実に従った帰結**だったのです。

自民党は「保守」政党から「左翼」政党へと変質した

しかし、かつての自民党はここまで「平和主義」＝「アメリカ隷属主義」の政党ではありませんでした。

事実、1955年に自民党が結党された時に公表された「党の綱領」には、次の文言が明記されていました。

「わが党は、平和と自由を希求する人類普遍の正義に立脚して、国際関係を是正し、調整し、**自主独立の完成を期する**」

つまり、いわゆる平和を希求するとの文言は記載されているのですが、それと同時に**「自主独立」**を目指す旨が書かれているのです。言うまでもなく、自主独立のためには、自国軍の設置が必要なわけですから、本書でこれまで指摘してきた、**「戦力＝軍を持つ事を忌避する臆病かつ奴隷精神的な心情」としての「平和主義」とは完全に一線を画す記述**となっているわけです。

事実、その綱領に引き続いて記載された「党の政綱」という、その綱領をより具体化した諸項目の内の一つが**「六、独立体制の整備」**となっており、その内容が次のように記述されています。

「平和主義、民主主義及び基本的人権尊重の原則を堅持しつつ、**現行憲法の自主的改正**

をはかり、また占領諸法制を再検討し、国情に即してこれが改廃を行う。

世界の平和と国家の独立及び国民の自由を保護するため、集団安全保障体制の下、国力と国情に相応した**自衛軍備を整え、駐留外国軍隊の撤退に備える**」

これは要するに、自民党という政党が「憲法9条第二項を撤廃し、米軍を自国領土から撤退させ、自国軍を再設置することを通して、自分自身で自分を防衛できる国にしていこう」という、**「戦後レジームからの脱却」＝「アメリカからの真の独立」の実現を、党の目標として高らかに掲げていた政党**であることを意味しています。

すなわち、自民党は「植民地化・隷属に対するレジスタンス」の遺伝子を持った、「真の保守政党」として誕生したのです。

ところが、結党から50年が経過した2005年に発表された「新綱領」には、「駐留外国軍隊の撤退」や「自衛軍備」、「占領諸法制の再検討」といった文字はおろか、「独立」「自主独立」の文字すら一度も登場しないのです。つまり、終戦直後の結党時に明確に存在していた、**「平和主義」に対するレジスタンスの独立精神は半世紀の時間を経てあらかた蒸発し、平和主義に席巻されてしまった**わけです。

つまり、**自民党は戦後半世紀をかけて「保守」政党から「左翼」政党へと、変質してしまったのです。**

ただし、かつての「保守」の理念の「残滓」としてかろうじて残っていたのが、以下の記述です。

「私たちは近い将来、**自立した国民意識のもとで新しい憲法が制定されるよう、**国民合意の形成に努めます。そのため、党内外の実質的論議が進展するよう努めます」

この記述の内の、「自立した国民意識」という下りが幾分、「自主独立」と解釈できないわけでもありません。しかし、そこに「占領諸法制」の改正というニュアンスを読み取ることは事実上不可能です。つまり、自民党が誕生した時には確実に見られた、平和主義に対するレジスタンスや、アメリカからの独立する「反米保守」としての遺伝子が、全く見られない綱領へと改変されてしまったのです。

これは、平和主義が自民党をあらかた支配しつつある状況を示す綱領の転換ですが、その傾向は、その5年後の2010年の新綱領でさらに明確化していきます。

「日本らしい日本の姿を示し、世界に貢献できる新憲法の制定を目指す」

つまり、「自立」という文字すら消え失せてしまったわけです。その代わりに、自立よりもさらに平和主義的＝非武装中立的な記述である「日本らしい」という、ソフト極まりない記述へと後退してしまったのです。

さらには、この新綱領の前文の「現状認識」には、次のような記述が追加されました。

「我が党は現実を直視し、日米安全保障条約を基本とする外交政策により永く平和を護り、世界第2の経済大国へと日本を国民とともに発展させた」

以上に詳しく解説した通り、日本における平和主義には、以下のような等式が成り立っています。

《平和主義》

＝憲法9条第二項における軍と交戦権の放棄

＝「日米安保体制」の堅持
＝「在日米軍」の駐留の継続
＝「主権」放棄の継続
＝「日本植民地」という奴隷状況の継続

この等式を踏まえたとき、上記文言から、自民党は**「植民地体制＝奴隷状況のおかげで日本は経済大国となったのだ」**と認識しており、これこそが我々が直視すべき**「現実」**なのだと宣言したわけです。

誠に情けなき現状認識と言わざるを得ません。

すでに述べたように、アメリカの占領統治＝植民地化政策、ならびにその後のアメリカからの要望で、日本の国益、主権を守るための様々な規制が撤廃され、ほぼ丸裸の状況となったが故に、中国をはじめとした諸外国から買収され続け、さらなる衰退の憂き目に遭っているのが、現代日本の姿だからです。しかも、次の章で述べるように、今の日本がデフレ不況から全く脱却できなくなっているのも、アメリカの占領統治によって導入された**「財政法４条」**という反成長主義の法制度が原因なのです。したがって、この自民党の現状認識は（東西冷戦状況の中では一定の正当性はあるとしても）今日においては完全なる**「誤解」**でしかないのです。

それにも拘わらず、さながら「宗主国・アメリカのお陰で成長したのだ」という現状認識をベースとした綱領発表は、平和主義に対するレジスタンス、諸外国からの隷属、植民地化に対する気概ある独立心がほぼほぼ自民党内部において消滅してしまったことを意味しているのです。

すなわち、自民党もまた、憲法9条の堅持を主張する共産党をはじめとした諸野党と同様の「平和主義」に完全に席巻されてしまったのです。

だからこそ、台湾有事の際に与那国島が中国軍に包囲されてもなお、日本政府は「弱腰」の対応に終始したのであり、尖閣防衛のために核武装の議論が是が非でも必要だと明らかになってもなお、政府のみならず自民党の内部ですら議論することを回避することになってしまったのです。

自民党が「平和主義」であるが故にアメリカは日本を見捨てる

以上、日本の政治の中枢的存在である自民党は、かつては、真の平和実現のためには軍備軍拡も厭わないという、自主独立の精神を持った**「保守政党」**であった一方、半世紀以上の時間を経て、共産党をはじめとした諸野党と何ら変わることのない、ただただ、軍備や軍拡の議論すら回避しようとする（偽物）の**「平和主義」に席巻された「左翼政党」**に生まれ変わってしまった、という実情を解説しました。

それはすなわち、**アメリカを中心とした他国への隷属化し、植民地の地位に甘んずることを、嬉々として受け入れる奴隷精神**を意味します。

その結果、日本を待ち受けるのは「地獄」しかありません。

まず、これから中国は台湾・尖閣への軍事的圧力をますます高めていくことになります。これに対して日本は、**与党自民党が平和主義に席巻されている限り、自主防衛力を増強しようということは、絶対になりません。**

なぜなら、「アメリカが守ってくれるだろう」という漠とした甘い期待を持ち続けていることになるからです。そう信じている以上、死に物狂いで軍備増強をする、なんて事には万に一つも起こらないのです。

誠に情けない限りですが、平和主義とは自国防衛を放棄する態度ですから、そんな精神・心情である限り、中国から日本を守るのは、アメリカに頼る以外に道はありません。だから日本が必死になるのは、**自国の軍事力増強ではなくて、アメリカに守ってもらうようにすがりつくことだけなります。**日本はアメリカにすがりつきながら自らに「アメリカはきっと守ってくれるに違いない、そうでなければ、俺は大変なことになる。そんなことがあって良いはずがない。だからアメリカはきっと俺を守ってくれるんだ！」と、半ばパニックに陥った心持ちで、アメリカにすがりつくわけです！

そうなったとき、アメリカは日本に様々な要求を突きつけてくるのは火を見るよりも明らかです。

その第一歩が、バイデン来日時に日本に突きつけた、防衛費の倍増でした。この防衛費の倍増の日米両軍を併せた戦力拡大に全て使われるということにはなりません。その一部は必ずアメリカ軍の駐留費用の「肩代わり」に使われることになるでしょう。アメリカは、それがなければ撤退するぞ、と脅せばよいわけですから、日本はいくらでも肩代わりすることになるのです。

事実、もうすでにトランプ政権が現在のおおよそ2000億円程度の「思いやり予算」を8500億円にまで増額しろと日本側に要求し、それを拒否するなら在日米軍を削減するぞと「恫喝」していたことが明らかになっています。この要求を日本側は撥ね除けたそうですが、これから尖閣有事のリスクが高まってくれば、ますますそういうアメリカ側の要求を撥ね除けられなくなっていくことは必至です。

もちろん、その予算の執行内容は、戦後しっかりと整備された「日米合同会議」という事務態勢を通して事細かに、かつ、円滑に決められていくことになるでしょう。

ただし、こうした影響は、防衛問題だけには留まりません。

日米間では実に様々な交渉が今も継続しています。その代表的な交渉が、2019年に締結した日米貿易協定です。

この貿易協定ではTPPから離脱したアメリカが、日米の2カ国間でTPPに準じた自由貿易を進めましょう、ということで、締結されたものですが、締結されたのは、「基本的な枠組み」であって、具体的な各種のルールは、その枠組みの中で継続的に協議していくということになっています。

元よりアメリカはとにかく、日本の需要を収奪して、自国の産業にあてがいたいと考えています。そしてアメリカはそのために、日本側に日本の牛肉を輸入してやるとか、自動車の関税を引き下げてやるといった「美味しい話」をちらつかせ、様々な譲歩を勝ち取りました。

もちろん日本側は、そうした約束をひとつひとつマジメに履行していっているわけですが、アメリカ側は日本側にちらつかせた「美味しい話」を実際に実現化することをのらりくらりと避け続けています。たとえば、自動車関税については未だ棚上げのままであり、牛肉の米国への輸出については、当初期待された量よりは圧倒的に少ない分量（当初の予定300トンの僅か1割の30トン！）に留まっています。

こうした「不平等」な状況になっているのは、偏に、日本側が安全保障の問題で「守ってもらっている」という歪んだ認識をもっているからに他なりません。したがって、現時点で既に相当不平等な状況になっているわけですから、これから中国の尖閣への圧力が高まってくれれば、ますます不平等化していくことは避けられないでしょう。

このように、中国の尖閣・台湾に対する圧力を高めていく中で、日本側の「隷属化」はさらに極端なものになっていくわけですが、だからといって、**日本側が寄せる「アメリカに守ってもらえる」という淡い期待は、確実に裏切られる**ことになります。

繰り返しますが、今回の台湾危機において、四半世紀前には中国を完全に黙らせることができたアメリカの第七艦隊に対して、今の中国軍は「怯える」ことなく、大量の軍隊を台湾海峡の中間線を易々と突破させ、台湾を6方向から完全包囲したのです。一方で、第七艦隊の方は、そんな中国軍に「怯え」、中国が通過しては成らぬという南シナ海を通過することを、中国の圧力に屈する形で迂回し、そんな中国軍を遠くから見守ることしかできなかったのです。

現時点ですら、米軍は中国軍に怯える状況になったのですから、これから、5年、10年、15年と経過すれば、中国軍はますます「横暴」に振る舞っていくことになり、それに対して米軍はそんな中国軍に対して「怯える」ようになっていくことは確実です。

そして中国は、今回の軍事演習に類似した演習を繰り返し、米軍の実力、ならびにアメリカ政府の意図を、これからずっと読み解き、分析を続けることになります。

そして、**中国側が確実にアメリカは手を出さないと確信できたとき、尖閣・台湾への軍事侵攻を敢行することになります。**それは、ただ単に軍事バランスの格差だけでなく、その時々の国際政治状況を踏まえたものとなりますし、場合によっては、米中間で「中国の尖閣侵略をアメリカが黙認する」という**裏取引**が成立するケースにおけるものとなることも十分に考えられます。

ところで、そんな軍事侵攻において、中国にとってみれば台湾よりも尖閣の方が圧倒的に容易です。なぜなら、今、台湾は台湾軍が「実行支配」している状況にありますが、尖閣は無人島であり、かつ、今日における中国と日本の「実行支配性」にほぼ格差がない状況にまで及んでいるからです。

したがって、**台湾本土への侵略を敢行する以前に、尖閣への侵略を敢行するリスクの方が高いのです。**ましてや、尖閣を最初に中国が支配しておけば、そこが台湾侵略における重要な基地としても活用できるということもあります。ですから、尖閣侵略リスクは、今後、極めて高くなると認識しておかねばなりません。

こうして、尖閣有事のリスクは今後ますます高くなっていく中、米中両大国の駆け引きの中で、中国が尖閣を侵略するものの、アメリカはその侵略を**「見過ごす」**可能性が高くなっているのです。なぜなら――繰り返しますが――「アメリカが見過ごす」であろうという見通しを中国が立てた場合に限って、中国が尖閣への侵攻を決断するからです。

言うまでもなくそれはつまり、アメリカが日本を**「見捨てる」**ことを意味します。

アメリカに見捨てられれば日本は中国の植民地になる

そうなれば、**最終的に在日米軍の日本からの撤退も時間の問題**となります。

もちろん、「保守」の立場からすれば、駐留在日米軍の撤退は、好ましいことではありますが――それはあくまでも、日本が独立するために米軍が撤退する、というケースにおける話。

アメリカが日本を「見捨てる」ことの帰結としての米軍撤退は、最悪の悪夢です。

なぜならそれは、**「アメリカが、日本を中国に譲り渡す」**ことを意味するからです。

つまりそれは「メインの宗主国」が、アメリカから中国に転換することを意味するに過ぎず、結局は植民地の地位は何も変わらない――というよりさらにより酷い状況になってしまうことは確実です。

そもそもアメリカも相当酷いことを他国に対して行っていますが、一応は「法治国家としてのタテマエ」を重視するという側面もあります。したがって、チベットやウイグルで行われているような、あからさまな弾圧やホロコーストのような植民統治は行いません。

一方で、中国はまさにそういう誰の目から見ても明らかな国際法違反、を犯します。

何より、中国共産党は、反日・抗日感情を濃密に持っています。たとえば、日本が「日中戦争」と呼称する戦争を、中国共産党は「抗日戦争」と呼称していますし、それ以前に、中国共産党の結党に繋がる「5・4運動」は、日本の二十一カ条の要求に対する「反日運動」として勃発したものです。つまり、中国共産党それ自身が「反日」のために結党されたという側面があるのです。

したがって、中国がアメリカよりも「より厳しい搾取」を日本に敢行するであろうことは、既定路線と言うべき確実な未来なのです。

沖縄が中国に接収される

では、一体どのようなステップを踏んで、アメリカは日本の宗主国の地位を中国に引き渡し、中国が新たな宗主国となり、どのようにして「事実上の植民統治」が行われていくのでしょうか？

以下、簡単にそのプロセスを、すなわち、最も蓋然性が高いであろう悪夢の近未来を先に詳述したフィリピンが辿った植民地としての歴史、ならびに現在の地政学的状況を踏まえながらシミュレーションしてみることにしましょう。

第一に、今日中国が続けている日本のあらゆる資本の買収をさらに加速することは確実です。

第二に、台湾、尖閣を中国の領土として統治するようになります。そのために、「戦争」を仕掛けてくる可能性が考えられます。

しかしこの時、この度の台湾危機で明らかになったアメリカの「弱腰」ゆえに、アメリカが直接参戦してくるとは考えられません。大なる可能性で、アメリカの直接参戦はありません。

しかしアメリカは、台湾軍、そして日本の自衛隊を「後方支援」するという立場を取るでしょう。それはウクライナに対するアメリカの態度と全く同じです。自らは参戦しないと早々と宣言し、その上で自ら血を流すことなくロシアをたたくためにウクライナ人に血を流させ続けたそのやり口と同様に、**アメリカは台湾と日本を支援しながら中国と戦い続ける状況を作るわけです。**

しかし、それでは今回ウクライナが徐々にロシアに侵略されていったのと同様に、早晩、台湾・尖閣が占領される事態となることは避けられないでしょう。

ただし、アメリカはそういう帰結を是認します。なぜなら、中国が台湾・尖閣に攻め入り、そして、アメリカが参戦しないということを決めた瞬間に、アメリカは、台湾・

尖閣を守ることを目指すのではなく、その戦争をとおして**中国を疲弊させることを目標とする**からです。

いずれにしても、一旦戦争が始まれば、アメリカの直接参戦が見込めない以上、今のままの現状では台湾・尖閣が中国に占領されてその戦争は終結することになるでしょう。しかし、中国が台湾・尖閣を奪取するにあたって、必ずしも「戦争」が起こるとは限りません。

中国による台湾への軍事的な脅しが功を奏し、中国に属するようになることを主張する政治家が指導者になることもあり得るからです。あるいは、米中の間で台湾占領を巡って何らかの裏取引を行い、それを通して米国が中国の台湾占領を黙認するというシナリオが採択される可能性もあります。この裏取引を通した占領というシナリオは、尖閣においても成立し得る事態です。いずれにしてもそうなれば、中国は戦争による戦いという膨大なコストを支払うことなく、台湾・尖閣を占領することに成功します。

第三に、**台湾、尖閣の次に中国が狙うのが、沖縄です。**

そもそも中国は、沖縄は自国の属国であったのに日本側が強奪した、と主張していますので、台湾、尖閣を手中に収めた段階に至れば、今度はその勢いでもって沖縄の占領を図ろうとすることは確実です。

ただしそれが実現するにはもちろん、沖縄米軍が沖縄から撤退しておくことが不可欠です。

それはもちろん、現時点のパワーバランスでは考え難い話です。しかし米国が中国との覇権争いの果てに、台湾、尖閣を手中に納める未来が10年～20年以内程度に訪れた後、(図10に示した)米国が本土防衛ラインを、沖縄を含む南西諸島にそった「**第一列島線**」から(小笠原諸島にそった)「第二列島線」まで後退させるというシナリオは十分にあり得ます。

これはまさに、アメリカが日本をより本格的に見捨てるというシナリオですが、アメリカによるこのシナリオ採択と平行して、中国による沖縄接収が進められることになるわけです。

図10　中国が想定する3つの対米防衛ライン

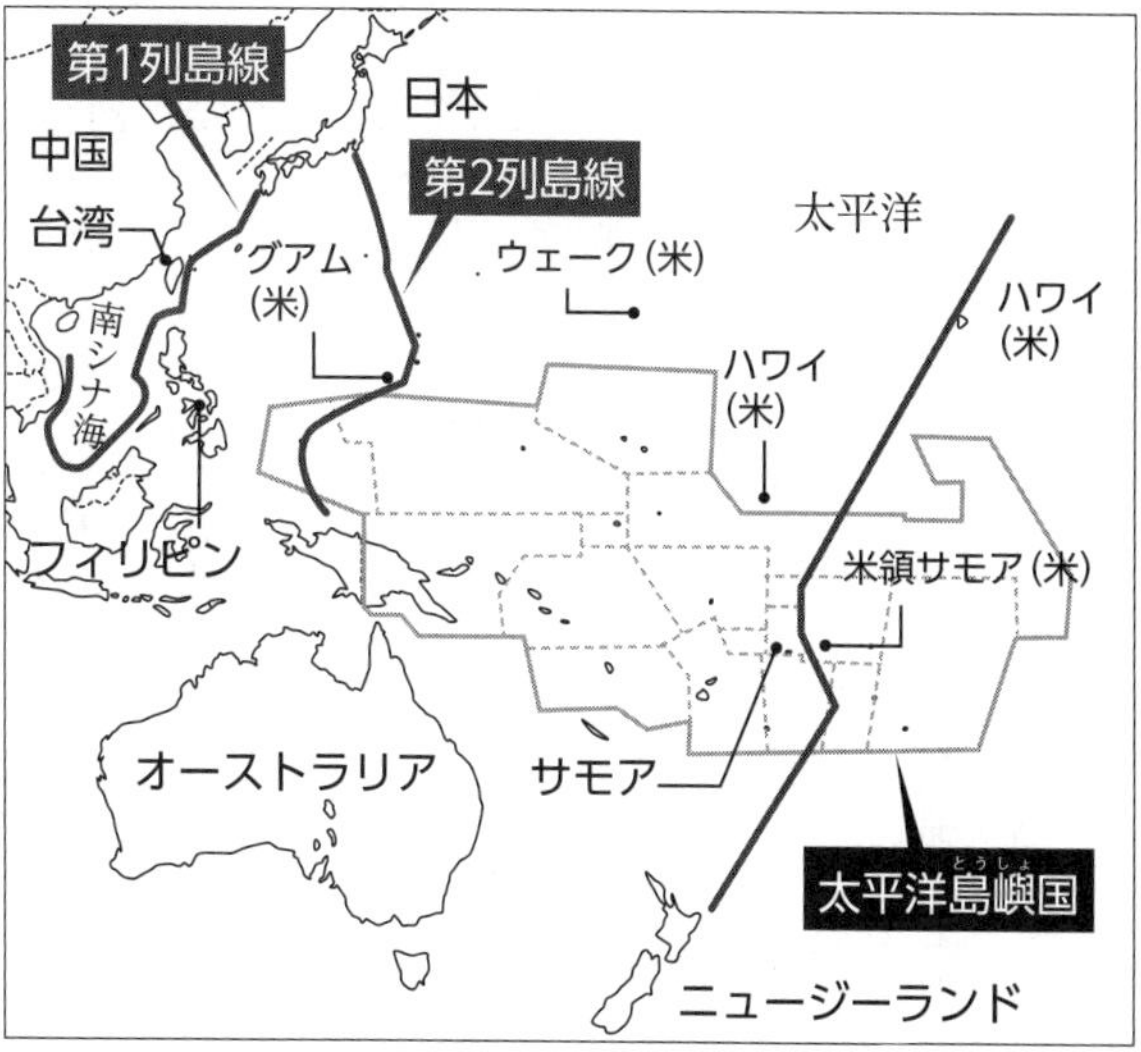

アメリカよりも惨い中国版構造改革

第四に、そうしてアメリカの防衛ラインの後退が現実化すれば、日本は蜂の巣をついたような騒ぎになります。なぜなら、アメリカの防衛線が「第一列島線」であれば、日本は「中国から守られる」領域に属しますが、**「第二列島線」まで後退すれば、日本が「中国の支配下」に入ることになるからです。**

なお、第二列島線の場合は、米軍は横田基地を残すというオプションがあるかもしれません。その状況では日本は**「米中ダブル属国」**と言いうる状況となるでしょう。ただし、アメリカの防衛線がハワイ諸島にある「第三列島線」まで後退するようなことがあれば、日本は完全にアメリカの影響圏から脱し、完全なる中国の支配下に置かれることになります。

ところで中国は、沖縄＝琉球は歴史的にかつての冊封体制（中国の支配体制）における属国だと認識していますが、日本は属国だとは見なしてきていませんでした。したがって、沖縄を除く日本列島全体を中国に接収して、中国領土にしようとしているとは考え難いというのが実情です。

ですが、反日の遺伝子を濃密に持つ中国共産党は、日本を**「植民地」の地位に貶め**、それを活用して利益を得ると同時に、日本が二度と大国化しないようにさらに弱体化させようという**窮乏化策**を推進することは確実です。

宗主国が新・帝国主義において植民地から略奪するのは、資産、資源、需要の3点ですが、日本からはまず、尖閣、沖縄という領土や、全国各地の高付加価値を生み出す観光地・都心、そして日本企業という数々の資産を今日以上に収奪します。そうすれば日本は弱体化すると同時に中国は利益を得ることができます。

そしてそれと並行して、アリババ、バイドゥ、テンセント、ファーウェイという、GAFAと対抗しうる超巨大中国系グローバル企業（今、この4社はBATHと呼ばれています）を日本に進出させ、日本人の需要を収奪します。現時点では、「アメリカの庇護」のおかげで、そうした中国企業の進出は制限されていますが、アメリカに見捨てられた後は中国企業の進出は止まらなくなるのです。

こうした資産と需要の収奪は、中国政府による日本国内の法制度の「改革」を通して、より加速していくことになります。それは、戦後70年以上、アメリカが日本に（小泉・竹中改革に象徴される）「構造改革」をさせ続け、それを通して日本を弱体化させ続けた構図と全く同じです。

ただし、この**中国版構造改革**は、アメリカ版構造改革よりも、さらに惨たらしいものとなることは必定です。

先に指摘したように、アメリカは自由資本主義国家が守るべきルールという「タテマエ」を一応は守りますが、中国にはそういうメンタリティは存在しないからです。**チベット、ウイグル、香港であからさまな国際法違反を繰り返してきたのです。そういう国が主導する構造改革は、おそろしく乱暴なものになることは確実です。**

まずは、マスメディアの資本規制が撤廃され、**TV、新聞が中国共産党の機関誌のような状況になっていきます。**そして移民についての規制が緩和・撤廃され、**膨大な数の中国人移民が流入し、**東南アジア各国と同様に、「華僑」達が大量に生息する国へと変質していきます。

それと同時に、**外国人参政権を認める改革**が行われ、**親中派議員、親中派首長が量産**

されていくことになります。これに拍車をかけるために、**帰化**（外国籍の者が日本国籍を取得する）に関する規制緩和、あるいはより直接的に、**外国人の立候補**を可能とする改革も行われるでしょう。こうなれば、各自治体、そして、日本政府が事実上、徐々に中国人達に乗っ取られていくことになるでしょう。

そして日本が中国化してくれば、戦後日本に英語が急ピッチで浸透していったように、今度は中国語が、様々なところで使われていくことでしょう。そして、学校でもシステマティックな中国語教育が始められ、**日本中に中国語が氾濫するようになっていきます。**

こうしてメディア、経済・産業、政治、そして言語までもが中国化していき、日本文化はますます衰退し、至る側面で消えて無くなるでしょう。

——おそらく多くの国民はこういう近未来を想像し難いものと感じるかもしれません。しかし、**ほんの少し前ならば、これだけ大量の「インバウンド」の中国人観光客が来るとは誰も想像していなかったことを振り返れば、**中国人移民が日本に溢れ、マスコミでも中国よりの報道が増え、中国企業のコマーシャルがバンバン流れ、政界では親中派議員、中国人議員が増えていくという未来が訪れたとしても、何ら不思議なことではない、ということをご理解頂けるのではないでしょうか。

こうなった時、かつてフィリピンがそうなったように**日本は日本としてのアイデンティティを失い**、中国に接収されることもなく、「JAPAN」という名の**「グローバリズム」の理念の下全て「合法的」プロセスを経て、**中国に事実上支配された貧困国家が、あの2000年以上の歴史を誇る「日本」とは無縁の中国の傀儡国家・植民地国家が、この極東にひっそりと残り続けることとなるわけです。

こうして日本は、滅び去るのです。

「親中派議員」が中国による日本の植民地化を推進する

以上が、筆者が今、イメージしている独立国家日本が**「グローバリズム植民地ニッポン」**として事実上滅び去るイメージなのですが、こうした中国版構造改革＝中国による日本の植民地化の流れを政治的に指導していくのはもちろん、日本人の政治家達です。
その代表が**日中友好議員連盟**のメンバー達。この議連は超党派の議連で、与野党議員達が参加していますが、その最大の特徴が、**異例なことに「友好」という文字が入っているという点です。**日本にはたとえば日英議連、日米議連、日韓議連などがありますが、「友好」という文字が入っているのは、この日中友好議連だけです。

あらゆる外交関係において、友好的側面は極めて重要です。したがって、日中の間に友好があることは絶対必要です。ですが「友好議連」というからには、字義通りに解釈すれば、全く争わず、ただひたすら友好を温め合うだけの議連という意味です。

まさに**「平和主義」の権化**のような名称ですが、これは明らかに**異常**です。

そもそも中国とは今、尖閣という領土問題を抱え、事実上紛争の相手国です。ですから、そんな国とは、ただひたすらに友好だけ取り結んでいていいわけがありません。政治家は軍人とは違いますから武力的に戦う必要はありませんが、少なくとも「論争」や「抗議」は絶対必要です。だからこそ、日韓や日米、日英の議連には「友好」の二文字は入っていないのです。国益をかけた議論を外国と丁々発止で行うことが必要な局面が、どの二国間関係においてもあるからです。

したがって、この日中友好議連は明らかに異質で、したがって「危険」な代物だと危惧されますが、さらに怪しいのが、中国政府がこの議員連盟を公式に**「中日友好団体」と認定している**という点です。ちなみに中国政府がこの議連以外に中日友好団体と認定している組織が日中友好協会や日中友好会館等あと六つあるのですが、いずれも**中国共産党の対日政策に無条件に同調する組織ばかりです。**

そうした点から、アメリカ政府は、この議連を、「中国政府が対日政治工作機関として活用してきた組織」であると認識し、警戒しつづけてきています。実際、2019年に発表された米国防省情報局（ＤＩＡ）報告は、中国共産党と中国人民解放軍が日本の対中世論や政策を中国側に有利に動かすために、この日中友好議連連盟を活用していると指摘しています。したがって、日本の植民地化政策として、中国版の構造改革を推進するにあたって、中国共産党は必ず、この日中友好議連を通して様々な工作をしかけてくることは１００％間違いありません。

もしも日本が、平和主義が蔓延っておらず自主独立のために求められる闘争や紛争を行う胆力がある国家であるとするなら、アメリカ政府と同様、こういう中国政府の工作に対して徹底的に警戒し**「日中友好議連」**を**「日中議連」**に**改称**し、中国と丁々発止の交渉を繰り返すはずです。

しかし、平和主義という名の奴隷精神が蔓延った現代日本では、自主独立を放棄し、植民地化の流れを全て甘受してでも、ひたすらに闘争や紛争を回避することを望み、中国との「友好」を続けようとするでしょう。

その象徴が、現岸田内閣の外務大臣である林芳正氏です。

林氏は、この日中友好議連の元会長。外務大臣に就任するからということで、会長職を辞任したのですが、もし岸田内閣に中国に対する警戒感があるのなら、林氏を閣僚に任命するとしても、外務大臣だけは避けたはずです。が、岸田氏はそれをしなかった。ということは、岸田氏には以上に述べたような（そしてアメリカ政府が抱くような）中国による日本の植民地化工作という悪夢についての警戒心が欠落していることが強く疑われるのです。

もしそうであるとするならこの**総理大臣におけるここまでの警戒心の無さは日本にとって致命的です。**

そもそも岸田氏は、核武装の議論については検討すらしないと言い、台湾危機の際には遺憾の意を表明するものの何もしない、というほどの筋金入りの「平和主義」者です。

だからこそ、岸田総理の差配によって日本は、中国共産党の好き勝手に工作を仕掛けられ、水面下で知らず知らずの内に、中国版の構造改革の下地が作られ、一歩一歩と、日本の中国による植民地化工作が進められていくことが真剣に危惧されるのです。

やはりここでも「平和主義」が、日本を滅亡に導いているのです。

第7章　「反成長」が日本を衰弱させ、自滅を導く

「平和主義」からの脱却こそ悪夢の未来を回避するために必要

以上、日本が如何に、サヨク達が主張していた「平和主義」によって自滅しつつあるのかを描写しました。すなわち、ただ単に戦わない、軍備を拡張しない、という「臆病」な心情の発露に過ぎない「平和主義」のせいで、日本はアメリカにすがりつき、言いなりになり、搾取されつくした挙げ句にアメリカに見捨てられ、中国の属国＝グローバリズム植民地になっていく――もしも日本人に、自民党結党の頃には明確にあった保守の気概、自主独立の気風が残っていたのなら、そんな情けない隷属的な顛末に必死で抗い、戦う筈なのですが、一切の戦いを放棄する「平和主義」が、日本人の牙を折ってしまっており、この自滅が規定路線となっている、というお話しをいたしました。

それでは、この悪夢の既定路線から、我々は脱却できるのでしょうか？

もちろん、それは可能です。

「平和主義」から脱却すればそれでよいのです。

すなわち、日本の平和、アジアの平和を維持するためには、好むと好まざるとに拘わらず、戦うべき時には全力で戦う、そのための備えも徹底的に進める、という態度を持てばよいのです。それができれば、10年程度の時間をかけて尖閣を地力で守り切る防衛力、ならびに法的環境を整えることができます。その際に、台湾、そしてアメリカとの間の集団的安全保障体制を強化します。

ここで、日本の防衛力が十分高ければ、アメリカが台湾・尖閣有事に参戦する可能性が高くなっていきます。

そもそも、先に紹介したシミュレーションでは、中国が台湾・尖閣有事を起こし、アメリカがそれに参戦しない、という見通しを記述しましたが、それは、日本の防衛力が不十分なケースを想定してのもの。もしも、日本の防衛力が十分高く、日米台の連合軍が中国を凌駕しているという**認識が米中の間で共有されていれば**、米中共に、台湾・尖閣有事は起こらない（あるいは起こせない）、という見込みを形成することになります。

安全保障において重要なのは、実際に戦争に勝つということ以前に、軍事バランスを確保し、それ故に戦争が起こらない状況を作ることなのです。

だから、自衛隊が徹底的にこれからの10年で増強されていけば、台湾・尖閣有事そのものが生ずるリスクそのものがゼロに近付きます。

そうなれば、その後に危惧されている中国による沖縄占領と、中国による日本の植民地化政策という悪夢のシナリオを回避することが可能となるのです。

そうなってくると、アメリカ軍はこの極東において中国を「抑え込む」ということが可能だと考えるようになるでしょう。先のシミュレーションで、アメリカの対中国防衛ラインが第一列島線から第二列島線、第三列島線へと後退していくシナリオを述べましたが、アメリカは出来る事ならば、そういう戦線後退は是が非でも避けたく、**本来なら中国を台湾海峡で抑え込んでおきたい**と考えているのです。

先のシナリオでは、日本の特殊な「平和主義」ゆえに、日本がアメリカが取り組む「中国封じ込めオペレーション」に協力せず、ただただアメリカにすがりついているという状況があった場合には、「だったらお前なんて知らないよ」と見捨てられる悪夢の未来を描写しましたが、日本にそういう特殊な「平和主義」さえなければ、文字通り「日米同盟」を強化する事を通して、中国と対峙し、中国を封じ込めるというアメリカにとって望ましい歴史展開を期することができるようになるのです。そうなれば、貿易交渉をはじめとした**様々な日米交渉の場でも、アメリカは「守ってやるから言うことをきけよ」というこれまでの態度を改め、対等のパートナーとして取り扱うでしょう。**

つまり、日本の平和主義を真に脱却でき、それを通して、防衛力を抜本的に増強することさえできれば、日本の米中ダブル属国化や、中国による沖縄接収後の日本のグローバリズム植民地化、という最悪の近未来を回避することができるのです。

90年代以降日本だけが成長していない

悪夢回避シナリオのためには、「抜本的な防衛力増強」が必要不可欠なのであり、そのためには、隷属的なマインドである「平和主義」からの脱却が必要なのですが……実は、平和主義から脱却するだけでは、「抜本的な防衛力増強」は実現できません。

なぜなら、抜本的な防衛力増強のためには、当たり前ですが**「オカネ」が必要**だからです。

そもそも、中国がここまで脅威になったのは、中国が恐るべき**経済成長を遂げたから**

です。そして、アメリカがあれだけの強大な軍事力を持っているのも、戦後一貫して成長し続け、世界一の経済大国であるからに他なりません。

戦前の日本においても、西洋列強に対抗するために全力を投入したのが**「富国強兵」**でした。つまり、**経済成長**を実現し、それを通して軍事力を増強し、そして、西洋列強からの侵略に対峙しよう、という大方針でした。

つまり、「抜本的な防衛力の増強」という強兵を実現するには、平和主義からの脱却だけでなく、「成長」が絶対的に必要不可欠なのです。

ところが——我が国には誠に恐るべき事に「反成長」主義が蔓延ってしまっているのです。

その帰結として、日本が全く成長できない国になってしまっているのです。

図11をご覧下さい。

これは、日本がまだ高度成長期であった1985年から2019年までの世界各国・地域の名目GDPの推移です。

ご覧のように、「一つの国」を除いて、80年代から基本的に全ての国と地域が一貫して、

図11　世界各国・地域の名目GDP（ドル）の推移

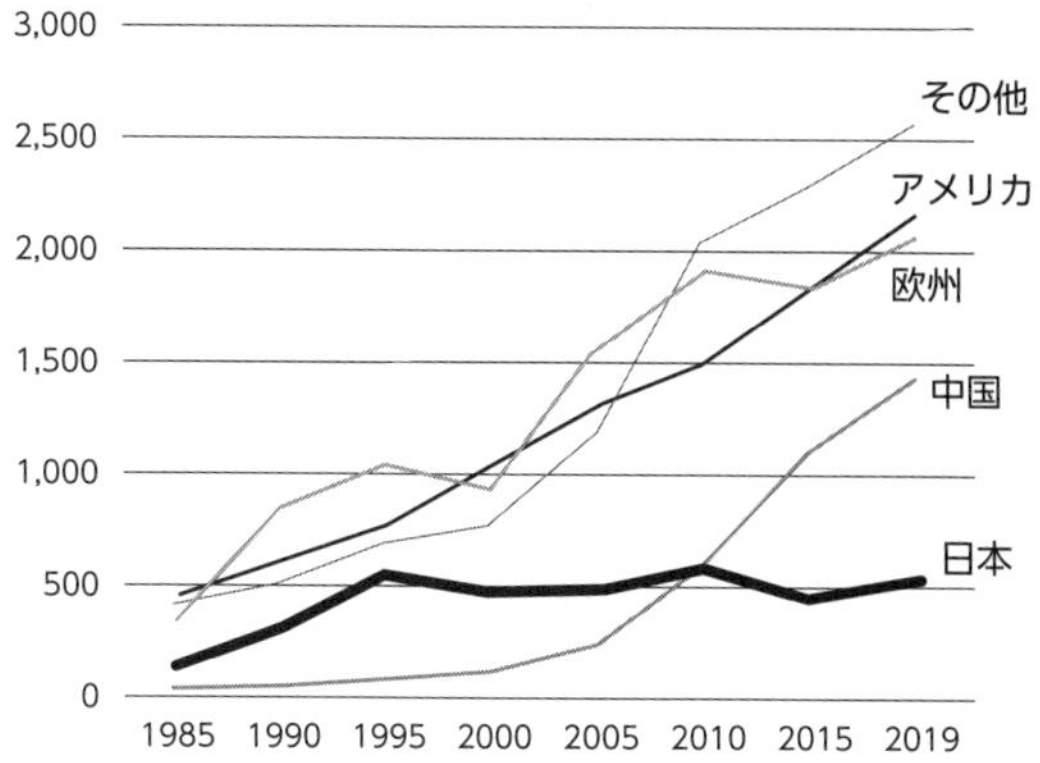

成長し続けている様子がわかります。中でも中国の成長は素晴らしく、21世紀に入ってから飛躍的に躍進しています。世界一の経済大国であるアメリカも、一貫して成長していることがわかります。

ところが、「一つの国」だけが1990年代から全く成長を止めてしまい、ずっと横ばいで推移、というよりも1990年代のピークからすれば「下落」してしまっていることがわかります。

その「一つの国」とは、誠に残念ながら、我が国日本なのです。

つまり、**世界中が勢いよく成長し続けている中、我が国日本だけが、90年代から四**

半世紀にわたって全く成長していないのです。

その結果、第1章でも紹介したように、私達日本国民の賃金は一向に伸びず、欧米はおろか、シンガポールや韓国にすら、賃金（大学初任給）が低い、貧困国家になってしまっているのです。

そして、全世界におけるGDPのシェアは、**90年代には約18%**もあったにも拘わらず、**今やその3分の1を下回る5・9%にまで凋落**してしまったのです。

成長していないから「いらない国」となる

かつて日本経済は、アメリカに匹敵する程の巨大な規模を誇っていました。

90年代の日米経済比率は、おおよそ10：7。アメリカが日本を上回っていますが、当時「勢い」は完全に日本の方が上回っていました。しかも、人口で言えばアメリカの方が日本よりも倍以上の規模がありましたから、一人当たりのGDP、つまり、経済的豊かさの視点で言えば、日本人はアメリカ人を圧倒的に凌駕していたのです。

したがって、両者は少なくとも経済の勢いという点では実質的に「対等」であり**名実ともに「パートナー」**と言いうる状況にあったわけです。そして、両国あわせて、全世界のGDPの半分に迫る巨大勢力でした。したがって、日米は実質的に世界中の経済を「牛耳る」力を持っていたのです。

一方で、日中の経済比率は、80年代には1：10。日本経済は中国経済の10倍もの規模を誇っていたわけです。したがって、当時の日本人の認識では、少なくとも経済の視点で言えば中国は「可愛そうな貧困国」に過ぎませんでした。だから、日本政府は（21世紀に至るまで）ずっと「ODA」（政府開発援助）を支払ってあげていたのです。当時は、中国経済が日本を脅かす日が来るなぞということは、誰一人イメージしていなかったのです。

ところが、日本は90年代以降、一切成長しなくなります。その一方で、米中はどんどん成長していきます。

その結果、かつて10：7の比率であった日米経済比率は、今や4：1以上の格差が開くほどになってしまいました。つまり、かつて米国と対等の規模を誇っていた日本経済は今や、アメリカの4分の1以下にまで衰退してしまったのです。

かつては確かに日本経済はアメリカにとって様々な意味で魅力的な存在でした。確かに貿易競争相手としては脅威ではありますが、農産品や金融、ソフトウェアなどを大量に売りつけることができる豊かな市場＝需要があり、「植民地化」しておくことでメリットが多い国でした。さらには地政学的に言えば、ロシアや中国と対峙する時に、日本を抱え込んでおけばそれらの国々に対する強力な「盾」となる位置にちょうどあり、その意味においても心強いパートナーでもありました。

ところが、今や経済規模は、アメリカの4分の1以下にまで衰退してしまい、必ずしも膨大なコストをかけて在日米軍を駐留させ、中国やロシアから守ってやるぞ、という「タテマエ」を続けておく必要性がなくなりつつあるのです。しかも、中国軍の脅威は日増しに拡大しており、メリットが少ない割にデメリットの方が拡大しつつあるわけです。

これこそ、アメリカが日本を見捨てる蓋然性が日増しに高まってきている**根本的原因**なのです。

一方、中国に関して言えば、2010年前後に追い抜かれて以降、日中経済格差はどんどん開き、今日ではおおよそ3：1にまで至ってしまっています。つまり、日本経済はいまや中国経済の、おおよそ3分の1程度になってしまったのです。

こうなれば、中国は日本を経済的に侵略し、植民地化していくことがどんどん容易くなっていきます。これこそ、第5章で詳しく紹介したように、ニセコ等の観光地、東京大阪名古屋等の大都会の都心部の土地・不動産を中国が強大なチャイナマネーで買い漁り続けることができる、**根本的原因**なのです。

そして、その強大なチャイナマネーを使って軍事力を抜本的に増強することに成功し、極東における米中軍事バランスを転換し、逆転させ得る状況に至り、そして、米軍を極東から「駆逐」しつつ、台湾、尖閣、そして沖縄を手中に収め、日本を中国にとってのより純度の高い植民地に仕立て上げていくことが可能となりつつある状況に至った、同じく根本的原因なのです。

つまり、世界各国が成長している中、日本だけが成長できずにいたことで、日本を巡る経済・軍事状況が激変し、アメリカが日本を見捨て、中国が日本を新たな宗主国として事実上の植民地化することが危惧される事態に至ったわけです。

つまり、今の日本の危機は、「日本が成長していない」からもたらされているわけで、それは純然たる「自業自得」の帰結なのです。

ではなぜ、こんな事になってしまったのでしょうか——筆者はこの問題について長い間研究し、これまでに様々な論文や書籍を出版してきましたが、一言でその理由を説明すれば、それは、**「反成長」**の思想が日本に完璧に蔓延ってしまったからです。

この反成長には、大きくわけて、二つのバージョンがあります。

一つは、「成長すべきでない」と、積極的に成長を否定する**「積極的な反成長主義」**。これは主に、左派の政治勢力が主張します。成長すると環境がダメになるじゃないか、成長よりももっと大切な「自然」だとか「人のぬくもり」だとか「コミュニティ」だとかがあるだろう、という主張を展開します。こうして、成長すべきという議論そのものを否定してかかるのです。

そしてもう一つは、「成長は、一応した方がいいが、それほど大切ではない」と、消極的に成長を否定する**「消極的な反成長主義」**です。

これは主に、財務省との交流が濃密な自民党や公明党などの政権与党勢力によく見られるパターンです。

もちろん彼らとて、リップサービス程度には、一応は成長も大事だとは口にします。しかし彼らは、右に述べたような日本の衰退が極東の安全保障環境にどれだけ巨大なインパクトをもたらしており、それ故に日本がアメリカから見捨てられ中国の属国になるという大局を僅かなりとも理解し（ようとし）ません。彼らはそうした日本を救うだの国家百年の計だのという事柄に対して本格的な興味関心を持っているわけでなく、自分の政治的立場、政府内立場、与党内立場の中で周りから要請されるルーチンワークとしてのお仕事をせっせせっせとこなしていくだけの人々です。

したがって、彼らは決して成長にとって必要な政策を展開しようとは本気で思わないのであって、その結果、成長のために必要な対策が全く取られなくなってしまっているのです。

いずれにせよ、積極的な反成長主義者たちと消極的な反成長主義者たちとでは、表面的な態度は異なりはしますが、それぞれの理由でもって**「成長に必要な対策を真剣に考**

え、**断行していく、というだけは絶対やらない」**という点で全く同じなのです。

そうした反成長主義者たちの振る舞いが繰り返された帰結として、図11に示したような、日本一国だけが、世界的経済競争の中で敗北し続けていく状況が作り上げられてしまったのです。

「構造改革」では成長しない

それでは、日本をこの衰退の憂き目から救い出し、再び成長軌道に乗せるためには一体何が必要なのでしょうか？

この問題について、共産党や民主党系の野党に多い「積極的・反成長」主義者たちは、そんなことを考える必要はない、むしろ、環境や自然、文化を守る政策を考えるべきだ、と主張します。

一方で、自民党系の野党に多い「消極的・反成長」主義者たちが口をそろえて主張するのが、「構造改革」です。小泉純一郎氏や竹中平蔵氏、最近では河野太郎氏らがその代表ですが、成長を止めているのは、日本の古い規制であって、そういう成長をとめている規制を撤廃すれば、日本は成長するのだ、と主張するのです。

しかし、**これは完全なデマです。**

そもそも、本書で詳しく指摘したように、構造改革は、アメリカによる日本の植民地化推進政策の一環として、日本国内で推進されているものに過ぎません。規制を緩和すれば、外国企業が日本の需要を収奪できるようになるのであり、第3章で詳しく解説した現代の新・帝国主義における典型的な、需要収奪アプローチなのです。

たとえば、小泉氏は2001年から、民主党政権によって廃止されるまでの9年間、アメリカ政府が日本政府に突きつけていた**「年次改革要望書」**に沿って、国内の構造改革を様々に推進していたことは、よく知られた史実です。その結果、それまでの規制で日本マーケットに参入できずにいた、実に多くのアメリカ企業が日本マーケットに参入し、日本人の需要の多くを収奪し、そのあおりを受けて多くの日本企業が倒産していったのです。そしてそうした日本企業の倒産は、日本のデフレ不況をさらに深刻なものにしていったのです（このあたりの経緯については、筆者は様々な書籍（※8）で紹介していますので、ご関心の方は是非御参照下さい）。

しかも、こうした構造改革アプローチは、過去20年間にわたって徹底的に進められてきており、今もなお、岸田内閣によって進められてきているにも拘わらず、一向に成長できていないことからも、構造改革で成長するという話しが単なる「デマ」であることが、**歴史的に実証**されているのです。

成長のためには「積極財政」以外に道はない

それでは、どうすれば成長できるのかと言えば、それは、**「積極財政」**をおいて他にありません。

そもそも、経済政策の世界では、成長政策としては、基本的に積極財政か構造改革かの二つだけなのです。そして、上述のように構造改革は成長よりも衰退を導く植民地化政策であることが明らかな以上、結局は、積極財政以外に方法はないのです。

積極財政の方法は、主として以下の三つのいずれかになります。

①政府が国内マーケットで**おカネを使う**（**公共投資**や、公務員への**雇用者報酬**等）
②政府が国民に直接**おカネを配る**（**給付や社会保障**。一般に**所得移転**と言われる）
③政府が**吸い上げているおカネを減らす**（**減税**）

これらを通して、国民の財布にできるだけ多くのオカネを注入していくわけです。そうすると、国民が使うオカネが増えていき、そのうち、経済が活性化し、経済が成長していく事になるのです。

しばしば、「これまで散々積極財政をやってきたけれど、日本は全然成長していないじゃないか！」という、反積極財政論を展開する人がいますが、これは**完全な間違い**です。

すでに述べたように、政府がオカネを国民の財布に注入していけば、いつか必ず、経済が成長していくことになります。逆に言うと、経済が成長するタイミングまで財政政

※8『維新・改革の正体―日本をダメにした真犯人を捜せ』（産経新聞出版・2012）、『コンプライアンスが日本を潰す』（扶桑社新書・2012）

策を拡大していかなければ、経済が成長していくことなどないのです。それは丁度、点滴を打てば健康になるが、どれだけ点滴が必要かは、健康になるまで打ち続けないとわからない、という話と同じです。

これまで、「小渕政権」や「麻生政権」あるいは、「第二次安倍政権」がそれぞれ積極財政を展開したのに、経済が成長していないから積極財政論は間違いだ、という指摘がありますが、それは完全な間違いです。

小渕政権は財政政策拡大中に他界してしまい、麻生政権は財政政策拡大中に民主党政権に選挙で敗れ、第二次安倍政権は財政政策を２０１３年度には拡大したものの、その直後の２０１４年に「消費増税」を行って財政政策拡大を中断し、いずれも成長を実現することができなかったのです。

積極財政で成功した国はたくさんある

このように残念ながら、90年代以降の日本では、「財政政策が成功して成長させることができた」という事例は存在していないのですが、世界中、ならびに過去の日本において、そうした財政政策の成功例は掃いて捨てる程存在しています。

たとえば、**アメリカやヨーロッパは、コロナで停滞した２０１９年、常識を遙かに超える積極財政を展開しました。**フランスやイギリスでは、収入の約80%を保証する、という財政政策を行いました。つまり、収入が半減した人は、コロナ前の収入の30%を支給し、コロナ前の80%の水準を維持させるという取り組みをおこなったのです。

アメリカでも凄まじい規模の財政政策が断行され、トランプ大統領が４００兆円、バイデン大統領が４００兆円という超大型政府支出を行ったのです。

また欧米ではこれらの政府支出の拡大のみならず、消費税減税を中心とした様々な減税措置も行われました。

すなわち、欧米の政府は、**「反成長主義」と正反対の「成長主義」に則って、コロナ禍対策を断行したのです。**

その結果、図２に示したように、欧州では２%程度、アメリカでは約７%も成長することが可能となったのです。

ところが「反成長」主義に汚染された日本は、こうした積極財政が十分に推進されることはありませんでした。給付金は10万円が1回配られただけで後は何もナシ、減税についいては政府においては議論することすら回避されたのです。挙げ句に公共投資は、驚くべき事に前年度から削減されつづけたのでした。その結果、日本経済はマイナス3％という勢いて衰退してしまったのです。

同様に、2000年代後半に起こったリーマンショックの時にも、欧米各国、そして中国は「成長主義」に基づいて徹底的な財政政策を行いました。当時のオバマ大統領は米国再生・再投資法（ARRA）によって、当時、史上最高額となる総額7872億ドル、つまり、約80兆円の景気刺激策を断行しています。中国も同様に、4兆元（約65兆円）の景気対策を行っています。その結果、アメリカも中国も、大幅な景気後退が危惧されながらも、図11に示したように、リーマンショックなど何もなかったかのように、勢いよく成長し続けることに成功しているのです。

ところがやはり日本は「反成長」主義に汚染されてしまっており、このリーマンショックの時にも十分な経済対策が（麻生政権の積極財政が民主党政権への政権交代で中断された事とで）最後まで完遂できず、ＧＤＰは縮小してしまったのです。

さらに時代を遡れば、１９２９年の世界大恐慌の時も、アメリカは、ルーズベルト大統領がかの有名な「ニューディール政策」と呼ばれる大型の積極財政を行い、当時のアメリカ経済を立て直したのです。さらには、その当時、日本の高橋是清大蔵大臣も同様の積極財政を敢行し、日本の景気衰退を食い止める事に成功しました。

また、日本では戦後、「所得倍増」を打ち出した池田勇人内閣は、求められる先ほどの①、②、③の財政政策（オカネを使う、オカネを配る、減税をする）の全てを行い、日本人のＧＤＰを10年もたたない内に倍増させたのです。

つまり、**古今東西、財政政策こそが経済を立て直し、成長を導く事例に満ち満ちているのです。**

「反成長」による衰退メカニズム①　～左翼の『反成長』イデオロギー編～

繰り返しますが、積極財政が成長を導くロジックは極めてシンプルです。成長するまで政府がおカネを使い続けるのですから、積極財政が成長を導かないわけはないのです。そして実証的にも、これまで述べてきたようにあらゆる国と時代の経済を、積極財政が成長に導いてきているのです。

にも拘わらず、日本においてだけ、そうした積極財政が、リーマンショックの時も、コロナ禍の時も含めて全く推進できなかったのは、偏に、日本全体に「反成長」の思想が蔓延してしまっているからに他なりません。

ここでは、いかにして「反成長」が積極政策を導いてきたのか、というメカニズムを解説することとしましょう。

なお、以下では、積極財政を止めさせようとする、**「反成長」**論者達の運動、ないしは考え方を**「緊縮主義」**と呼称します。彼らは積極財政の論者の政府支出拡大の主張に抵抗し**「予算カット」**を主張します。そして、減税論に抵抗し**「増税論」**を主張します。**反成長論者達は「予算カットと増税論で構成される緊縮主義」を振り回すのです。**

さて、積極財政を阻止しようとする第一の勢力はやはり、「積極的な反成長」主義者たちです。

彼らは、経済成長なんかよりも、もっと大切なことがある、自然や環境や文化や福祉が大切じゃないか、積極財政なんかよりも、そういうことに熱心に取り組むべきだ、と主張し、積極財政に抵抗し、緊縮主義を展開します。

このタイプの反成長の緊縮主義者達は、共産党や民主党系の、いわゆる左翼陣営に多く潜んでいます。彼らは手を替え品を替え、積極財政に抵抗してきます。

たとえば1970年、典型的な左派勢力である朝日新聞は「くたばれGNP」という連載を組み、徹底的な反成長論を展開しました。つまり、GNP（今日のGDPに対応します）だけ拡大しても、人間の幸せは向上するとは限らないじゃないか、という成長に対する批判です。当方も100％その主張には賛同します。今でも数多くいるのです。しかし、GDPが伸び「ない」ことの恐るべき日本国への巨大被害を軽視ないしは無視しているのが、この論調の問題です。

あるいは、現在東京大学教授の斉藤幸平氏は、マルクス主義の立場から環境制約を考えて成長を制限すべきであると主張する書籍『人新世の「資本論」』を出版し、これがベストセラーとなり、現代の世論に一定の影響を及ぼしています。たとえば、立憲民主党の政調会長の小川淳也氏は、この斉藤氏の主張に全面的に感化され、斉藤氏の「反成長論」を踏まえた諸政策を、立憲民主党で推進しようと画策しているようです。

事実、当方がＴＶ討論番組「朝まで生テレビ」（テレビ朝日系）で、経済論で小川氏と討論したところ、筆者が、日本国民を救うために成長が必要であり、そのために積極財政が必要だと主張したところ、小川氏は当方の主張を頭から全否定。彼の論旨をとりまとめると、おおよそ次のようなことを主張されました。

「先程から……議論を聞いていると、ＧＤＰが成長すればそれで良いかのような、バブル世代の古いイメージで議論されているが、そんなのはダメだ。今の新しい時代の我々世代が求めているのは、環境制約の中で、ＧＤＰで測れない価値を見据え、成長をしないで国民が幸せになる国家を目指すことなんだ！」

これぞ、ウンザリする程に典型的な「積極的・反成長」主義。ついては当方は次のような主旨で反論しました。

「GDP以外の価値があることは当然です。だからそれにも配慮しないといけません。ですがGDPが伸びないことで若者が今貧困にあえぎ、そして、日本全体が衰退して、挙げ句に外国による隷属状態に陥り、国民にとって地獄のような未来が来るんです。そんな不幸な未来を避けるために、GDPの話をしているんです。

もちろん、おっしゃるような思想に世界各国が賛同し、成長をやめ、環境を大切にする状況になるなら、成長は不要でしょう。でも、好むと好まざるとに拘わらず、世界は成長しようとし続けているのです。その中で日本だけが成長しなければ、日本人だけが地獄に落とされるのです。日本の政治は、そういう悪夢を避ける義務があるのです」

しかし、当方がどれだけ丁寧に話しを差し上げても、一切耳に入っていない様子でした。**これはもはや議論ではなく、単なる「イデオロギー」です。**

しかし「左翼」はえてしてこのように「イデオロギー化」し、あらゆる議論とアウフヘーベンを停止し、思考停止しながら、同じ主張を壊れたテープレコーダーのように繰り返す傾向を強く持っています。そして、こういう議論を繰り返し耳にしている内に、一定数の国民がこういう「積極的・反成長論」に感化されてしまいます。事実、斉藤氏の本はベストセラーになっていますし、小川氏は野党第一党の政調会長なのです。

こうした典型的な左派勢力が、積極財政論に対する巨大な抵抗勢力となり、外国では当たり前に行われている積極財政が行われず、日本だけが衰退する状況になっているのです。

「反成長」による衰退メカニズム② ～保守の『構造改革』イデオロギー編～

積極財政に対する第二の抵抗勢力は、上記のような左翼陣営ではなく、「保守」と呼ばれる人々の中に存在する勢力です。

それが、**「構造改革」**イデオロギーです。

すでに述べましたが、構造改革をすれば成長するのだ、という発想は完全な間違いです。もちろん、ある種の規制が成長を止めている、という事実が存在するのなら、その規制を撤廃することは成長にとって効果的でしょう。たとえば、後に詳しく述べる、積極財政を規制している「プライマリーバランス規律」などはその典型で、それさえ規制緩和できれば、日本は瞬くまでに成長することができるようになります。

しかし、我が国において横行している「構造改革」イデオロギーはそういうものではありません。彼らがイメージしているのは、「自由競争をすれば、経済が成長する」という、高校や大学の経済の教科書に載っている、「経済理論」です。

しかし、すべての理論がそうであるように、その理論が有効となるには、その理論が想定する条件が整っていることが必要不可欠なのですが、現実の経済は、教科書が想定する世界とは似ても似つかない、全く異なる世界なのです。

その詳細を論ずることは別の機会に譲りますが、自由競争が激化すれば、巨大な外国企業が日本マーケットに参入し、日本企業が倒産し、日本人の所得が下がり、失業していく、という不況圧力がかかるだけに終わるのです。

それにも拘わらず、自民党や日本維新の会などの「保守系」の人々の中には、こうした「構造改革」こそが成長にとって必要だと主張し続ける勢力が強烈に存在しています。

その結果、左翼イデオロギーを乗り越え、ようやっと「成長が必要だ」というところまで議論が進んでも、**「財政はダメだ、改革だ」という声を乗り越えない限り、積極財政が展開できなくなってしまうのです。**つまり、構造改革イデオロギーが、積極財政を阻止する強烈な抵抗勢力となっているのです。

ではなぜ、そんな「珍妙」な説が幅をきかしてしまうのかと言えば、それは偏に、彼らが、**成長を実現したいと「真剣」に考えていないからに他なりません。**

もし、真剣に成長したいと考えるなら、先に紹介したような古今東西の世界中の事例を見れば一目瞭然な通り、積極財政しか成長を導けないという結論に辿り着かないわけがないのです。

そもそも「構造改革」イデオロギーの人達が構造改革に情熱を傾けているのは、成長したいからというよりも、全く別の理由があるからなのです。

たとえば、改革をやると言えば選挙で票が入るとか、改革を成功させれば役所で出世できるとか、改革をやればいっぱい報酬がもらえるとか、あるいは、改革対象に個人的な恨みがあってその恨みを晴らすために改革をしてやりたいとか――そういう**様々な欲**

望を、「改革」というマジックワードさえ口にすれば全て道徳的倫理的に正当化される形で、満たしていける、という魔法のような効果がこの「改革」という言葉にはあるのです。そもそも改革というものは、既存の仕組みを破壊することですが、破壊と言ってしまえばそれが正当化されないものの、改革と言い換えれば何でも許されてしまうのです。

言うまでもなく、このメカニズムを最大限に活用しているのが、日本の事実上の宗主国・アメリカです。繰り返し本書で指摘したように、宗主国は植民地の需要をかすめ取ろうとしますが、その際に、植民地固有に規制があればそれができないので、「改革」と称してあらゆる規制を破壊していくという戦略を、アメリカは採用しているのです。だから、GHQ統治を通して政府や役所の仕組みそのものを「改革」したアメリカは、自国に有利な改革をやる役人や政治家が「出世」できる構造を作り上げてきた、と解釈することもできるわけです。

いずれにしても、「構造改革」主義者は決して成長をしたいとなどは考えていない人達です。その意味において彼らもはやり、「消極的」な形ではありますが**反成長主義者**

であることは疑いを入れないのです。

つまり、反成長主義が構造改革イデオロギーを増殖・強化させ、積極財政に抵抗し、日本を衰退させてしまっているのです。

「反成長」による衰退メカニズム③ ～政府の『緊縮主義』イデオロギー編～

最後に、積極財政に対する最大の抵抗勢力である、「緊縮主義」について、改めて解説致しておきましょう。

この緊縮主義は、先にも指摘したように、積極財政に反対するイデオロギー全般を意味します。つまり、予算の拡大に対して予算カットを、減税に対して増税を主張するのが緊縮主義者たちです。

つまり彼らは、何らかの積極的な主張がある、というのではありません。**単なる積極財政に対する「アンチ」として存在するのが「緊縮主義」なのです。**したがって、緊縮主義は、定義上、積極財政に対する最大の抵抗勢力として機能します。

そんな彼らが主張するのは、「財政破綻論」です。積極財政を繰り返せば、国の借金が増えて日本が破綻する、と主張するのです。

「日本政府の借金は今、1200兆円以上ある、これを国民一人あたりに換算すれば、一人1000万円以上にもなる。こんな膨大な借金を次世代の子供達にツケまわししてはならない、だから、予算カットと増税の緊縮主義が必要であり、予算拡大と減税を主張する積極財政論者は、日本を破滅に導く不道徳極まりない悪い人達なのだ」

これが、緊縮主義者の典型的な主張です。

たとえば、2021年10月に、当時の現役財務相事務次官である矢野氏が月刊誌文藝春秋に論文を掲載したのですが、その中で展開されたのが、この主張でした。

しかし、この主張はデマに塗れた完全なる間違いです。

第一に、「日本政府が日本円建てで借金をしている限り破綻することはない」ということは、実は、財務省の公文書で明記されている事実なのです。ですから、矢野氏が心配する「破綻」は、それが日本円の借金である限り、政府においてはあり得ないことが、政府の公式見解になっているのです。

それは偏に、政府に通貨発行権があるからで、より詳しく言うのなら、政府が借金返済の時期が来たとき、民間銀行が誰もカネを貸してくれなくなったとしても、日本銀行は必ず「最後の貸し手」として貸し付けてくれるからです。困ったときに貸してくれる銀行がバックに付いている法人は、絶対に破綻することなどありません。それと同じように、日本政府は絶対に日本円建て借金では破綻しないのです。

第二に、政府の自国通貨建ての借金は、日本のみならず、イギリスやアメリカ等の全ての主要先進国で、「残高ゼロ」にするようなことはなく、常に増え続けているのが実態です。したがって、矢野論文は、政府が借金をいつかどこかでゼロにしないといけないかのような前提で書かれていますが、その前提そのものが間違えているのです。

第三に、緊縮を続けていれば、経済が疲弊し、税収が減少し、財政がさらに悪化することは過去のデータで明らかになっています。財政を再建したければ、緊縮することが求められることがある一方で、積極財政が求められる時もあるのです。そしてデフレ不況の今は、財政健全化のためにこそ、積極財政が必要なタイミングなのです。にも拘わらず、矢野氏はその可能性を一顧だにしていません。これでは、矢野氏が言う通り財政を運営すれば、日本経済のみならず、財政が破綻することになってしまいます。

……この他にも、この矢野氏に代表される緊縮派の人々の言説は、デマだらけなのです。

しかし、この緊縮主義者が厄介なのが、今、日本で最大の政治権力を握っている、という所にあります。

何と言っても、**この緊縮主義を主導しているのは、かの総理大臣や首相官邸よりも圧倒的に強い、文字通り「日本最大」の政治権力を持つ「財務省」だからです。**

財務省の権力が強いのは、各省庁に対しては予算編成権があり、各政治家に対しては予算編成権と共に税務署の査察権があり、マスメディアに対しては税務署の査察権と共に記者クラブを通して情報を遮断する権利がある、という構図があるからです。

つまり、各省庁が刃向かえば予算をカットするぞと脅すことができ、政治家が刃向かえばお前の選挙区に予算は付けてやらないぞと脅したり、文句があるなら税務署の査察を入れてしょっ引いてやるぞと脅すことができ、テレビや新聞については、俺たちの批判をすれば、税務署の査察を入れてダメージ与えるし、記者クラブ出入り禁止にして、お前達だけには情報をやらないぞ、と脅すことができます。

すなわち、財務省は、自らが持っている様々な権限を駆使し、他省庁はもとより、与野党それぞれの国会議員達、そして、マスメディア達を、自分達の思惑通りに動かす権力を持っているのです。

さらには、彼らが提供する緊縮主義は先に紹介した「反成長」主義者にも、「構造改革」主義者たちにも強力な武器になります。事実、予算カットと増税を行う緊縮主義は、日本を衰退させるだけですから反成長主義者には、願ったり叶ったりの強力な味方となるのです。構造改革主義者たちについても、「構造改革のライバル」である積極財政を、緊縮主義が叩き潰してくれるので、より円滑に構造改革が進められるようになります。

したがって、緊縮主義は、国内のあらゆる勢力に浸透しており、意図せざる内に、国内最大の政治権力を手に入れるに至っているのです。

事実、安倍晋三氏は総理大臣在任中、ことある毎に「残念ながら、選挙の時以外は、財務省の方が権力が強いんだよ」と苦虫をかみつぶすように口にされていたことをよく覚えています。あるいは、宮沢喜一元総理大臣も、生前、ジャーナリストの田原総一朗氏に対して**「田原君、この国は総理大臣よりも大蔵省のほうがはるかに力が強いんだよ」**とおっしゃっていたそうです。

総理大臣が異口同音にこう主張しているのですから、財務省はやはり、日本最大の権力者だと考えてよいでしょう。

その財務省が、積極財政を潰すために「緊縮主義」を政治家やマスメディアを駆使して展開しまくっているのですから、これこそが、反成長における最大の抵抗勢力となっているのです。

事実、日本が成長できなくなったのも、大蔵主導で進められた1997年の消費増税からですし、積極財政で幸先良く始まったアベノミクスが失敗に終わったのも、財務主導で進められた2014年の消費増税であったことからも、日本を衰退させたのは、財務省を中心とした緊縮主義陣営であったことは明白です。

「緊縮主義」の原因・財政法4条

しかし、財務省はなぜ、ここまで緊縮主義に拘るのでしょうか？

もしも本当に財務省が財政の健全化を真摯に目指しているのなら、今の日本のように経済が疲弊している時には、あえて「積極財政」を推進し、経済を成長させることを通して税収を拡大し、財政を健全化させるべきだと、考えても全く不思議では無いはずです。というよりむしろ、日本を除く全ての国が、このコロナ禍において、極めて大きな規模の積極財政を展開し、経済を成長させているのです。もちろんそれぞれの国にも、財政を司る役所があるはずなのに、彼らは日本の財務省ほど、頑なに緊縮主義に拘っていないわけです。

ここでは、この「謎」について解説しておきましょう。

結論から言うなら、憲法9条があるから、すなわち、「平和主義」があるからなのですが――順をおって一つずつ説明していきましょう。

まず、今の財務省が緊縮主義に拘っているのは、今の政府の財政が「プライマリーバランス黒字化目標」という規律を閣議決定しているからです。

これは一般にプライマリーバランス規律、あるいはPB規律と呼ばれますが、これは、機械的に政府が緊縮主義を進めることを規定する規律です。すなわち、政府の収支（これがPBと言われます）が黒字になるように、予算をカットし、増税を行っていきましょう、というのがこの規律の趣旨なのです。

ですが、なぜ、このPB規律があるのかといえば、財務省が準拠する「財政法」の4条に次のような一文があるからです。

「財政法４条　国の歳出は、公債又は借入金以外の歳入を以て、その財源としなければならない」

これはつまり、**国債（公債）を発行してはならない、税収でもって全ての政府を賄わなければならない、という意味です。**だからこそ、財務省は、PB規律を血眼になって導入し、維持し続けているのです。

なお、この財政法4条には公共投資の場合の国債発行はその限りではないし、どうしても必要なら国会の審議を経れば国債を発行することもできる、という例外事項が書かれてはいるのですが、その基本的理念は、国債は発行してはならない、というものなのです。

そもそも官僚というものは、法律に縛られて動く存在です。だから、財務官僚は、この財政法に縛られて仕事をする役人なのです。したがって、財務省の役人が、緊縮主義を日本中に蔓延らせようと日夜努力し続けているのは、必ずしも日本を潰そうとか衰退させてやろうとかいうことを考えているからではなく、ただ機械的に、粛々と、この財政法4条の理念にもとづいて生真面目にコツコツと仕事をしているからだと、（財務官僚に対して最大限に好意的に考えるとするなら）解釈することもできるのです。

そう考えると、**米中のダブル属国になる程に日本が衰退し続けているのは、この財政法4条があるから**だと言い変えることができます。

「財政法4条」はアメリカが制定した

では、こんな財政法4条のような国債発行禁止規定は、諸外国において一般的なのかというと、決してそうではありません。

先にも紹介したように、諸外国ではリーマンショックやコロナ禍があった場合には迅速に積極財政が推進できているのであり、ここまで極端な緊縮主義の法令を携えた国は、少なくとも筆者が知る限り我が国日本だけです。

そもそも、今、世界は資本主義のルールの下、各国は競争を展開しています。

そんな中、特定の国だけが国債発行を禁止すれば、その国が停滞、衰退することは決定的です。

そもそも資本主義とは、資本を投資によって形成し、生産性を拡大し、競争していく主義です。そして、投資するためには、融資（カネを借りること）が必要なのです。だから、民間企業においては、あらゆる企業が銀行から融資を受けて、投資を行い、生産性を拡大し、競争しているのです。にも拘わらず特定の企業だけが銀行の融資を禁止すれば、投資ができず、生産性が拡大できず、最終的に競争に敗れるのは確実です。

そして、**国債発行とは、政府が「融資」を受けるということ。だから国債発行を禁止すれば、その国は投資ができず、競争で敗北していくことは確実なのです。**

これこそ、図11に示した、財政法4条によって国債発行を禁止している日本の一国だけが停滞・衰退しているという悲惨な現実の、理論的背景なのです。むしろ、1997年までこんな財政法4条があったにも拘わらず成長できていたことの方が不思議なくらいですが――それについては、こちらに記述しましたので、ご関心の方は是非、ご一読下さい。（※9）

ではなぜ、こんな珍妙な、日本を必然的に衰退に導くような、日本の国益を根底から損ない続けるような「国債発行禁止」の項目が、財政法に記載されているのかと言えば――それは、日本を占領統治していたアメリカのGHQが、**日本を二度と武装ができない国にしてしまおうとしたからなのです。**

まず、アメリカは、GHQの統治の最初に、既存の日本政府を解体するために、あらゆる省庁の改変を行っていきます。そして、彼らの権力を徹底的に弱体化していきます。ですが、その中でも唯一、大蔵省（現財務省）だけは解体せず、GHQの直接支配の下に置くことにします。（※10）

そして、そのような体制をつくり上げつつ、アメリカはまず、占領統治を始めた翌年の1946年11月3日に、日本国憲法を作り上げ、日本政府に公布させます。

この時の占領政策は、日本を再び軍事大国にならないように、徹底的に牙を折っておくこと、という大前提がありました。

この前提の下、導入されたのが、本書で何度も引用した憲法9条です。すなわちこの9条によって、日本は戦争を放棄し、軍隊を持つ事すら放棄することになったのは、本書で何度も解説した通りです。

そして、アメリカのGHQはこうして準備した日本国憲法が発効される1947年5月3日までの間の期間に、自らの配下においた財務省に、財政法を纏めさせます。

※9　そもそも財政法4条が厳密に適用されはじめたのは、1997年の橋本龍太郎内閣においてからだったのです。橋本龍太郎内閣は、（後にPB規律へと進化していった）赤字国債の発行額についての総量規制をはじめて導入するのですが、この規制導入によって、財政法4条がデフレ不況の中ではじめて本格的に運用される事になったのです。そしてそれによって日本は衰退していくことになったわけです。

なお、1990年のバブル崩壊までは、赤字国債発行額はさして大きなものではありませんでした。そもそも経済がインフレ基調で、毎年経済が成長していく時期でしたから、国債発行はさして重要ではなかったのです。ただし、それでも、東名高速道路や東海道新幹線等のインフラを整備するにあたっては、世界銀行から融資を受ける等を行っていました。

※10　「森田実の言わねばならぬ」2011年9月2日

そして、1947年3月31日に、財政法を制定します。

この財政法の4条が、上記の「国債発行禁止条項」です。では、この財政法4条が導入された趣旨は何だったのか？

これについて、この財政法の起案者・平井平治氏（当時、大蔵省主計局法規課長）は、解説書「財政法逐条解説」（1947年）の中で次のように解説しています。

「戦争危険の防止については、戦争と公債がいかに密接不離の関係にあるかは、各国の歴史をひもとくまでもなく、わが国の歴史をみても、公債なくして戦争の計画遂行の不可能であったことを考察すれば明らかである……公債のないところに戦争はないと断言しうるのである、従って**本条（財政法第4条）はまた憲法の戦争放棄の規定を裏書き保証せんとするものであるともいいうる**」

おわかりいただけましたでしょうか？

この財政法を書いた平井氏は、要するに、戦争するには国債発行が必要なのは歴史を見ても明らかだ、だから、国債発行を禁止すれば、その国は戦争できない。だから、私は、憲法9条に書かれている戦争放棄を確実なものにせんがために、この財政法4条で日本に国債発行を禁止させることにしたのだ、と言っているのです。すなわち、財政法4条は、憲法9条の平和主義の理念を完遂させるために導入されたものだったのです。だとすると……この時のアメリカのGHQの狙いは、極めて正確かつ効果的に図に当たっていると言えるでしょう。

図11に示したように、日本が今、衰退を続け、アメリカや中国に全く太刀打ちできない軍事小国となり、属国になりつつあるのは、財政法4条の反成長の緊縮主義があったからであり、そして、その財政法4条の緊縮主義は、憲法9条第二項の平和主義が生み出したものだったのですから。いわば、アメリカが日本にぶち込んだ憲法9条が緊縮主義を産み出し、日本を衰退させ、戦後レジームを作り上げた戦勝国であるアメリカや中国の属国、植民地の地位にまで凋落させたのです。おそらく当時アメリカはここまで、この憲法9条や財政法4条の制定が、70年以上の時を経て、日本という大国の一つを根こそぎ亡ぼし去る程の巨大な影響を持つとは想像だにしなかったでしょう。しかし、現実は現実。彼らのアイディアは単なる思いつきだったのかもしれませんが、現に今、日本は、彼らの思いつきの方向通りに、滅び去ろうとしているのです。

終章　日本は復活できるのか？
～輝かしい未来の実現に向けて～

以上で、本書で論じようと思っていたお話はおしまいです。

本書では、「日本が滅びる」という、当方が異国の地でありありと確信とリアリティをもって感じたイメージを、一つずつ解説する、というものでした。

本書ではまず、「平和主義」と「反成長」というものが如何に危険なものなのかを簡単に解説した上で、植民地というものがどういうものであったのかを振り返りました。その中でまず、15世紀から欧州列強が一体、植民地化した諸外国に対してどれだけ酷い収奪を繰り返してきたのかを確認しました。

その上で、我が国日本はすでに、アメリカと中国によって、それぞれのアプローチでもって既に植民地化が合法的に進んでしまっている実態を「新・帝国主義」というコンセプトを援用しつつ、明らかにしました。

その上で、こうした日本の植民地化が進んでしまっているのは、一面においては米中という二大スーパー大国からの侵略的圧力があってのことであるものの、もう一面においては、実は日本人の精神の「内部」にある「平和主義」と「反成長」の二つが根本的原因となっている様子を描写しました。

そして最後に、その「反成長」という思想は、実は、アメリカによってぶち込まれた「平和主義」が、そのベースにあるという歴史的事実を明らかにしました。

日本は確かにかの大東亜戦争、いや、黒船来航から始まる１００年の欧米列強との戦いに敗れ、アメリカに占領統治され、憲法９条や財政法４条という恐るべき「毒矢」をぶち込まれたのは事実です。そしてその「毒矢」の毒が70年以上の歳月をかけて、日本中に回り、今まさに戦勝国であるアメリカと中国によって完璧なる植民地・属国になる事態、すなわち、日本国家がまるでかつてのフィリピンの様にアイデンティティを失い、根底から滅び去る事態にあと、10年、20年で立ち至ろうとしています。

日本列島に生息していた皇室を中心とした日本民族という一個の巨大な聖なる生命体――それが今、１００年間に及ぶ長い戦いに敗れ、毒矢を打ち込まれ、そして１００年の歳月をかけて死に絶えようとしています。

この日本に生を受けた一人の日本人として、これほど辛く、哀しく、やるせないことはありません。

本書は、当方が遠く異国の地でありありと認識したこの２００年に及ぶ戦いと滅亡の物語を、一億の日本の同胞に伝えんが為にものしたものです。

もちろんそれは、この最悪の悪夢を、日本人自らの手で変えられんことを希求してのことです。

何もしなければ、我々日本の滅亡はもはや避けられない所に立ち至っています。

しかし、一人一人の日本人が立ち上がれば、その悪夢を避けることができないなぞと言うことは**万に一つもありません。**

まずは、与野党で心ある国会議員達が立ち上がり、「反成長」を乗り越え、ＰＢ規律を撤廃し、日本を成長軌道に乗せることは、絶対に可能です。

それと並行して、同じく与野党の心ある国会議員達の手で、「平和主義」を乗り越え、

増税ではなく国債でもって防衛力の抜本的な増強を可及的速やかに進めていくこともまた、絶対に可能です。

さらには、こうした国会議員達の取り組みを、心ある日本国民が与野党の立場を超えて徹底的に支援していくこともまた、絶対に可能です。

マスメディアの中にも、この国家の存亡を見据えた「反成長」「平和主義」との最後の闘争に賛同し、あらゆる圧力を撥ね除けながら、心ある日本国民の一員として、支援し続けていかんとする者が表れ出でることもまた、絶対にあり得るはずです。

こうした取り組みを継続していく中で、財政法４条を撤廃していくことも、そして、憲法９条についても平和主義を確定してしまいかねない加憲でなく、憲法９条第二項の削除・改正を行うことも絶対の絶対に可能です。

ここまで至れば、もはやアメリカに見捨てられるかどうか、という情けなき問題ではなく、アメリカに頼られる存在と成り果せることとなるのも必定です。そして、真のパートナーとして対等に議論しながら、日米安保条約、日米地位協定を真に対等なものに改正していくことも自ずと可能となります。

そうした体制が築き上げれば、中国の属国になるかどうかという情けなき問題ではなく、中国とパワーバランスを保ちながら、そして、北方のロシアとのパワーバランスを保ちながら、極東の安全保障を実現する中心的存在に、日本がなり果せることとなるでしょう。

そうすれば、日本はアジアにいながらにして西洋文明を最も取り入れる事に成功した唯一の国家として、米中、そして、西洋と東西の橋渡しを行う国家として、世界の平和と安定に貢献する国家となるのです。

今、筆者の脳裏には、日本がアメリカに見捨てられ、中国の属国として朽ち果てていく未来と同時に、こうした輝かしい未来もまた、ありありと浮かんでいます。

後は、一人一人の日本人が、国会議員、マスメディア、官僚、財界、大学、言論人、そしてありとあらゆる日本人がこの輝かしい未来のビジョンとそれにいたる道筋のイメージを共有しさえすれば、後は自ずと我々は、最悪の悪夢へと向かう既定路線から外れ、輝かしい日本の未来への道を歩み出すことができるのです。

本書がそうした輝かしい未来へと繋がる道を、日本人が歩み出す小さな契機とならんことを、心から祈念しています。

グローバリズム植民地 ニッポン
あなたの知らない「反成長」と「平和主義」の恐怖

著者 藤井 聡
2022年10月25日 初版発行

藤井 聡（ふじい さとし）
1968年生まれ。京都大学大学院工学研究科教授（都市社会工学専攻）。京都大学工学部卒、同大学院修了後、同大学助教授、イエテボリ大学心理学科研究員、東京工業大学助教授、教授等を経て、2009年より現職。また、11年より京都大学レジリエンス実践ユニット長、12年より18年まで安倍内閣・内閣官房参与（防災減災ニューディール担当）、18年よりカールスタッド大学客員教授、ならびに『表現者クライテリオン』編集長。文部科学大臣表彰、日本学術振興会賞等、受賞多数。専門は公共政策論。著書に『「自粛」と「緊縮」で日本は自滅する 菅総理への直言』（ビジネス社）、『令和版 公共事業が日本を救う「コロナ禍」を乗り越えるために』（扶桑社BOOKS）、『感染列島強靭化論』（共著、晶文社）、『日本を喰う中国』（小社刊）など多数。

発行者 横内正昭
編集人 内田克弥
発行所 株式会社ワニブックス
〒150-8482
東京都渋谷区恵比寿4-4-9えびす大黒ビル
電話 03-5449-2711（代表）
03-5449-2734（編集部）

装丁 志村佳彦
フォーマット 橘田浩志（アティック）
校正 東京出版サービスセンター
編集 大井隆義（ワニブックス）

印刷所 凸版印刷株式会社
DTP 株式会社 三協美術
製本所 ナショナル製本

定価はカバーに表示してあります。
落丁本・乱丁本は小社管理部宛にお送りください。送料は小社負担にてお取替えいたします。ただし、古書店等で購入したものに関してはお取替えできません。

ISBN 978-4-8470-6680-1
ワニブックスHP http://www.wani.co.jp/
WANI BOOKOUT http://www.wanibookout.com/
WANI BOOKS NewsCrunch https://wanibooks-newscrunch.com/